Den Netten beißen die Hunde

如何得到尊重、畫下界線，贏得你應有的成功

Martin Wehrle
馬丁・維爾勒／著
黃淑欣／譯

目錄

PART 1 好心人的內心戲

第1章 為什麼好人只會被吃乾抹淨？

第2章 為什麼好人難升遷？

第3章 母胎好人

第4章 信念的牢籠

PART 2

好人，給自己一個機會吧！

第5章 贏得尊重：這樣做，人人都會認真看待你

第6章 設立界線，不再被壓榨

第7章 拒絕過分的要求

第8章 如何在職涯上展現決心？

第9章 做自己的勇氣：不必偽裝，也能越來越強大

PART 1

好心人的內心戲

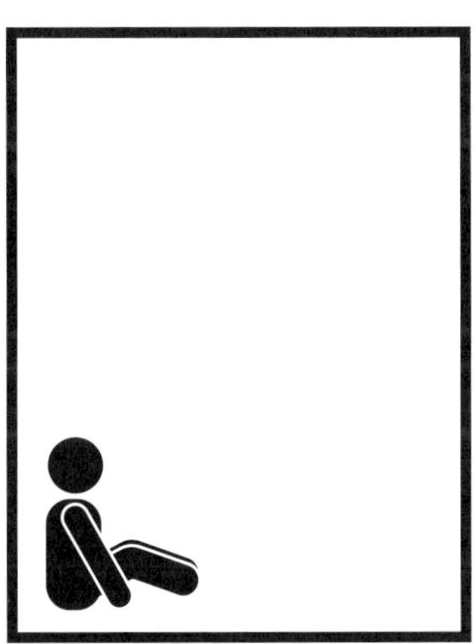

第 1 章

為什麼好人只會被吃乾抹淨？

在這一章，你會學到：

☑為什麼當大家都覺得你「人真好」時，反而是個危險的指標？

☑即便你心裡千百個不願意，大腦的哪兩大程式仍會驅使你主動說「好」？

☑根據科學研究顯示，好人反而特別討人厭？

☑我如何差點因失血過多致死——只因為我人太好？

你的善良有多危險？

每當有人對你說「你人眞好」時，你心裡覺得舒服嗎？你會由衷感到喜悅嗎？或者你會滿肚子彆扭，覺得對方不過是出於這些原因，才覺得你「人眞好」？

- 因爲你給他一個親切的微笑，即便你現在的心情糟透了。
- 因爲你不考慮自己的利益，主動禮讓對方。
- 因爲你選擇只說對方想聽的話，而不是自己眞正的想法。
- 因爲你對他而言還有用處。
- 因爲你總會答應幫忙，即使你其實很想拒絕。

我們可以把善良分成兩種：**一種是健康的善良，它能對你產生益處；另一種則是不健康的善良，它只會傷害你**。至於哪一種善良是你最常選擇的？接下來的幾分鐘之內，你就會看到答案。

以下的小測驗涵蓋了一個人一天之內經常遇見的十二種麻煩情境。請選出你遇到這些狀況時「會採取的行動」——不是你認爲比較明智的做法，而是誠實記錄自己更有可能做出的行爲。測驗結果將告訴你，你的善良究竟是詛咒，還是天上掉下來的禮物。現在就開始吧！

「善良」檢測

你今天意外地早起。凌晨四點，遠比正常起床時間早得多——一陣低沉的鼓聲把你從睡夢中吵醒。超強音波有如捶打著臥室的四面牆，整個房間都跟著一起震動起來。

很顯然，你的鄰居又明知故犯地在大半夜開起了搖滾電音派對。他是慣犯，每個月至少會在家裡大開派對兩次，而且每次都選在半夜兩點到四點這種好夢正酣的時刻。從睡夢中被吵醒的你打從心裡感到憤怒，整個腦子被怒火燒得徹底清醒。接下來，你會怎麼做？

A、去敲他的門，提醒他現在已經很晚了，並警告他不准再製造噪音。假若他再不安靜下來的話，我就打電話報警。

B、我不想在大半夜跑去跟對門的鄰居抗議。其實他平常人還滿不錯的，況且只要我換個姿勢，應該還是睡得著。

現在，早上七點，你的鬧鐘響了。事實上，你整夜都沒睡著。拖著筋疲力盡的身體，你來到孩子——如果你有的話——的房間叫門：「起床！該起床了！」但他卻賴在床上一動也不動。當你再次敲門叫他起床時，聽到裡頭傳來他的哀求：「拜託，都是隔壁的音樂害的，我整晚都沒睡好，拜託再讓我睡一下。」你非常清楚，要是孩子繼續賴床，你上班就會來不及。這時你會怎麼做？

A、我會說：「就算這樣，你也得現在就起床，不然我們就會來不及。我希望有時間好好準備，然後準時上班。」

B、我能理解這孩子需要好好睡一覺的原因，我也不想一大早就這麼嚴厲：「好吧，但只能再多睡五分鐘。」當然，五分鐘到最後很可能會變成十分鐘。

你走進廚房裡，親愛的另一半這時正好起身，準備離開餐桌——他出門的時間總是比你早個十五分鐘。但事實上，昨晚他已親口答應你，從今天起，他一定會自己收拾餐桌，還會負責準備孩子的午餐便當。不過很明顯的，今天一起床，他就什麼都忘得一乾二淨。這時你會怎麼做呢？

A、我會說：「可以請你把餐盤收拾好、把小孩的便當準備好之後再出門嗎？我們昨天已經說過這件事了。」

B、我並不想在餐桌旁和他起什麼爭執。畢竟昨晚的恐怖噪音持續了一整夜，他想必也睡得很不安穩。

約莫一個小時後，你和小孩總算出門了，當然免不了急急忙忙的。就在你關上門的瞬間，正好看見你那「前科累累」的吵鬧鄰居頂著史無前例特大號的黑眼圈，準備出門上班。他走向你，尷尬地朝你笑了笑說：「真抱歉，昨晚太吵了。我保證以後不會再發生。」這時你會怎麼做呢？

A、我會說：「對我來說，昨晚的噪音簡直讓人受不了，我四點被吵醒之後就再也睡不著。這個問題已經發生很多次了——昨天就是這個月的第二次！要是再有下回，我就打電話報警！」

B、我認為，他願意主動提起這件事並道歉，是很有勇氣的行為；至少我昨晚確實覺得，要直接走過去敲他的門是很困難的事。因此，我會說類似這樣的話：「一個晚上的噪音倒也不是什麼末日級災難。不過真的要請你多注意一下，不要再發生這種事了。」

你好不容易把小孩送到學校、自己也到了公司後，你「最要好的同事」立刻迫不及待地衝到你身邊。每天早上都這樣，你連外套都還來不及掛好，她已經等著要告訴你昨天她鄰居的最新八卦。雖然你覺得這些流言蜚語非常無聊，而且還無可避免地會妨礙你工作，但很明顯的，整個辦公室除了你，這位同事沒有其他人可以聊天。這時你會怎麼做呢？

A、我會說：「不好意思，我昨晚幾乎沒睡，而且我也不認識你的鄰居，所以我很難理解你跟我說的這一切。我們可以不可以這麼做：早上你先讓我安安靜靜地好好把工作處理到一個段落？」

B、我是個有同情心的人，因為很明顯的，她是個孤單寂寞、卻又喜歡分享消息的人。我還是先假裝有在聽她說話好了，然後手腳快一點、找機會開始處理工作。希望她到時候會發現這一點，並自動結束我們的談話。

偏偏今天很忙，你的腦袋隨著工作不停地快速運轉。突然插進來的緊急會議一個接一個，你根本不知道今天該如何才有時間處理完所有的事。最糟的還在後頭，就在快接近中午、你終於可以喘口氣的時候，老闆出現在面前：「剛剛我收到一項非常緊急的任務——今天一定要處理完，否則要是上面的人責怪下來，我們就全都完蛋了。要說我們部門裡有誰能完成這項任務的話，就只有你了——我知道你最勤勞又能幹。」一聽到這句話，你馬上明白，這項任務絕對不可能在你正常下班時間前做完。

問題是，你早就和閨密約好了，今天一下班就要去慢跑。這時候你會怎麼做呢？

A、我會這樣告訴主管：「謝謝你這麼信任我。只是我現在的工作量已經超出了負荷，而且我今天不可能加班——晚上已經有預定計畫了。」

B、這時候要我說「不」實在太困難了，我只好聽從主管的話；畢竟他先好言誇獎了我一番，我很感謝主管這麼器重我。

過沒多久，午休時間到了，你和一位男同事同桌吃飯。他是辦公室裡的開心果，總能逗得大家捧腹大笑。每當他開始滔滔不絕地說笑時，所有的人便引頸期盼地盯著他。但你總覺得這位男同事的玩笑十分低俗下流，跟自己的頻率完全對不上，這次也不例外。然而整桌同事全笑翻了。這時候你會怎麼做呢？

A、我不會跟著一起笑。要是有人問我的話，我會如實表示自己覺得這些玩笑不好笑。如果我對他這些膚淺低俗的玩笑報以掌聲的話，等同在鼓勵這個小丑繼續開這樣的玩笑，而且就算他把水準再往下降一點也無所謂。

B、我會跟著大家一起笑，不過有可能笑得比其他人再小聲一點。這種事很常發生，而且我認為，對這位男同事的幽默不做任何反應，是相當失禮的行為；畢竟他也很努力地在和同事們互動啊。

接近下班時間時，你參加了一個會議。席間，主管問在場所有人：「誰來寫一下會議紀錄？」

一陣鴉雀無聲，沉默在會議室裡蔓延開來。主管又問了一次：「我又不是要你們要寫什麼曠世長篇小說，只要寫幾句話、把重點記錄下來就好。所以，誰來寫？」所有人窘迫地盯著眼前的桌面，會議室裡的氣氛越來越尷尬。這時，你會怎麼做呢？

A、我會跟其他人一樣，完全不為所動。沒道理啊，為什麼要我來做這件事？

B、我很有可能會因為無法忍受這種尷尬的情況，自願將主管從困境中解救出來：「好吧，我來寫。但真的只會寫幾句重點喔。」

會議進行時，你不時感覺劇烈的頭痛正在發作——看來昨晚沒睡好的後座力開始發威了。頭痛的頻率越來越高，痛楚一陣陣朝太陽穴襲來，你痛到幾乎無法跟上會議的節奏。這時候你會怎麼做呢？

A、我會攤牌，直截了當地說：「抱歉，我頭痛到不行。這真的讓我無法專心地跟上會議討論，我想我現在必須回家休息。」

B、我會保持安靜，不參與會議討論，暗自希望會議趕快結束。但我絕對不會提自己頭痛的事，因為我並不想澆這場會議的冷水，也不想讓同事覺得我是個喜歡抱怨的人。

回家路上，你想起自己得去買菜，因爲家裡的冰箱幾乎要空了。在超市排隊結帳時，有名年輕男子往前擠到你前面，還回頭對你微笑說道：「我只有三樣東西而已，可以請你讓我先結帳嗎？」這時候你會怎麼做呢？

A、我會這樣告訴他：「麻煩你回到你原本站的地方，我自己也在趕時間。還有，下次要插隊之前，請先開口問過別人願不願意讓你這樣做。」

B、雖然我認為插隊是不對的，但我有必要在眾目睽睽下給他難看嗎？不過是多等一分鐘而已，沒什麼差別吧。

筋疲力盡的你總算回到家了，隨手整理些家事後，也終於換上了運動服。你和閨密約好了，傍晚六點半要一起去慢跑。你由衷希望這次她會準時出現，因爲前兩次她都遲到了（你心中不免泛起一陣惱怒）。然而就在你開始暖身的時候，手機傳來簡訊鈴聲：「我會遲到十五分鐘。」當你等一下見到她的時候，你會怎麼做呢？

A、我會告訴她，她三番兩次遲到，已經讓我相當生氣；尤其是今天，因為我今天一整天都糟透了。然後我會請她以後絕對不能再遲到。

B、我想我會針對她慣性遲到這點開個小玩笑，讓她小小愧疚一下。畢竟是朋友，太超過的指責反而顯得我很小家子氣；而且即使沒有我的責備，她也很清楚遲到是不好的事。

慢跑結束後，你簡單沖了個澡、吃過晚餐。這時，電話響了。是媽媽。她特別打電話來提醒，叔叔要在週六慶祝自己的生日：「你絕對不能缺席，一定要去看看他、給他祝壽。」你在電話裡小心翼翼地提醒媽媽，叔叔和你的關係其實並不好，而且你生日時，他也從未打電話問候過；除此之外，你週末也已經有其他的計畫。但電話那頭的母親回答：「拜託你不要在這種時候那麼冷血好嗎？你又不是不知道叔叔生病的事。只不過花你半小時而已，這點時間你總擠得出來吧？」這時候你會怎麼做呢？

A、我會告訴她，我覺得自己如果出現在叔叔的生日會上，反而會顯得自己虛偽又矯情。所以我會按原本的計畫度週末，不會去叔叔的慶生會。

B、我不想引起家庭糾紛，就去一下叔叔的慶生會吧（就算我大概知道，一旦去了，我一定會待得比預期的還久，因為我不想當第一個走的人，那樣會把整個慶生派對的氣氛弄糟）。

約莫兩個小時後，你終於拖著疲憊的身軀上床睡覺了。你躺在床上，腦中不禁悄悄浮現一個問題：我今天過得如何呢？有像我期望的那樣好好照顧自己嗎？還是我又對其他人太好了？

評分表

請再回頭重新瀏覽這一節，並記錄你在各情境中選擇A的次數。

十至十二次：你的善良相當健康

你善良的處事態度仍在合理健康的範圍之內。你相當清楚、重視自己的需求，也會在其他人面前維護它們；即便偶爾會引起其他人不滿也無所謂。

你的優勢：很顯然，捍衛自己的界線對你而言是件相當容易的事，你也能清楚地對其他人解釋你的界線在哪裡。你的行爲替你勾勒出明確的個人特色，你爲人眞誠，並能避免自己被其他人過度要求。

八至九次：搖擺不定的善良

你的善良態度明顯取決於當下的情況與你當天的狀態。有時你的確能堅定地爲自己的需求發聲，但有時你也會忽略自己的需要，轉而迎合別人。

你的優勢：在某些特定情況下，你會堅持畫清底線。但這樣眞的夠嗎？請再好好思考一下，該如何才能更頻繁地發揮堅定捍衛自我的能力。只有眞誠表達自己的意見，才能保護自己的人格；也只有這樣，才能贏得周遭的尊重。

四至七次：有害的善良

身爲一個顯然相當善良的人，你習於優先顧慮別人的需求，卻完全不在乎自己要什麼。由於想維持和樂氣氛的願望如此強烈，以至於你幾乎不願意冒險引起衝突。但這種態度其實是相當危險的。其他人將因此經常忽視你的需求，甚至永遠不會認眞看待你的意見；連帶的，你的利益也很容易被衆人忽略。

你的優勢：你擁有高度的同理心與體貼他人需求的強大力量。你偶爾還是能克制一下自己的善意，並維持自己的底線。請仔細地思考並確認，如何才能讓你以最輕鬆的方式得到自己想要的東西，並且多多嘗試。

一至三次：傷己入骨的善良

你的善良毫無底線。和平至上的你，總是想盡辦法避免任何衝突，不管誰說了什麼話，聽在你耳裡都覺得是對的。當你忙著替其他人覺得有道理時，你自己的需求和利益卻完全被擱置在一旁。

你的優勢：你成天忙著證明自己有辦法讀懂別人的需求；不只如此，還忙著實現別人的願望。若能將這股執行力用在自己身上，將能大幅提升生命的品質。

無法說「不」的理由？

你的善良好意已經開始傷害到自己了嗎？如果是的話，原因在哪裡呢？在我諮詢過的客戶中，我最常聽到的說法是「我就是這樣的人啊！」「這是我的天性」，或是「如果不這麼做的話，我就得強迫自己假裝成另一種人」。

這些說法相當有趣，它們的共通點是，**所有的好人都不是故意要自己當個善心人士，他們天生就是如此善良**。簡單來說，並不是他們在控制善意，而是是善意在控制他們。他們會微笑、會說「遵命」、會退讓、會親切殷勤、會樂善好施地幫助其他人，甚至還會主動接下一切工作，然後自己一個人埋頭苦幹。因爲很明顯的，除了這麼做，他們不知道自己還能怎麼辦。

然而你之所以會做出這些對自己有百害而無一利的善良行爲，其實還有更深層的原因；也只有問自己這個問題，才能將你帶回正確的軌道：**「假如我人不要那麼好，會發生**

什麼事呢？」

想像一下，如果你在某一天裡「不當好人」，會發生什麼事？

- 假如你斬釘截鐵地告訴鄰居，你不會再忍受他吵鬧的夜間電音派對或任何噪音，會發生什麼事呢？
- 假如你清楚地告訴主管，你不能接受這些額外的任務，會發生什麼事呢？
- 假如你清楚地告訴超市裡那個插隊的人，請他回去他該站的位子，會發生什麼事呢？
- 假如你清楚地告訴閨密，下次絕對不許再遲到，會發生什麼事呢？
- 假如你在和母親通話時堅持到底，說你不會去叔叔的生日派對，會發生什麼事呢？

每當你畫清界線並大聲說「不」，都會冒著和別人發生衝突或爭論的風險。只是這一次，請你不要選擇坐在別人後面當個陪襯，而是換個位子坐——對，我說的就是字面上的意思。我可以想像得到，用這種方式彰顯自己的行爲和個性，會引發你心中無比巨大的恐懼：「要是我這樣做，就會討人厭啊！」

將你和其他人連結在一起的社交黏著劑，將在此刻開始崩解。也許你正開始想像身邊的人不再喜歡你，他們會開始冷落你、排擠你，往後你只能孤零零的一個人獨來獨往。

這種根植於潛意識、對「個人存在受到威脅」的恐懼並沒有什麼好奇怪的，它來自於兩個源頭：**演化與社會化**。

遠古的人類會選擇怎樣的生活模式，以確保自己存活下來呢？很簡單，他們組織成群體。只有團體生活，才能確保他們可以在一片荒蕪中的大自然裡活下來。只有身處群體、屬於這個群體的人才會受到群體的保護；遭到團體驅逐的人，則會被死亡帶走。

遠古時期，我們腦內的預警系統就是這樣形成的，只要我們違背周遭人們的願望，就會觸動警報系統，即將被驅逐出境的恐懼於是在你腦內嗶嗶作響。人類大腦裡的鏡像神經元讓我們能敏銳感受到周圍人們發出的怒氣，可能是生氣的人總是把眼睛眉頭皺成一團，或是因爲他們的聲音聽起來比較冷酷，因此觸發了你腦袋裡的人類演化警報系統：「注意！注意！不要引發身邊人們或整個群體的反抗，否則你就得獨自生活在大草原上，孤零零地死去！」

這時，如果你觀察自己的身體，就會發現它也明顯感受到這股威脅，並產生反應：

- 如果你做了什麼令自己羞愧的事，臉頰會開始泛紅。

- 如果有人責罵你，你的身體會開始流汗。
- 只要你想到自己有可能會讓其他人失望，你的心搏就會因此加速。

爲了逃避這分恐懼帶來的壓力，善良的人們因此傾向於自動滿足他人的期望：

- 每當有人問我們意見時，我們總能猜到對方想聽什麼，並說出他想聽的話——因爲我們太善良了，不想潑對方冷水。
- 即使自己不喜歡，我們仍滿足陌生人的願望——不過就是爲了不讓自己招人非議或討人厭罷了。
- 就算覺得這種行徑十分荒唐，我們仍經常容忍其他人的行爲——就只是爲了不傷害別人。
- 我們害怕給予其他人正確的批評——只因爲我們想維持表面的和諧。

另一個善良的源頭，則來自社會化的過程。童年時期，身爲小孩的你相當依賴父母親。所有生存所需要的物資，都是由父母親所提供的：包含你的住所、食物和安全感。來自父母親的這些挹注如果停止了，就意味著你的存在也將面臨終點。

不過是個孩子的你，又能怎麼回報父母呢？畢竟不具任何謀生能力的孩童，此時並無法帶給父母親等同於報酬的回饋——既無法成爲父母親可靠的談話對象，亦無法掏錢買一束花給母親，好對她的辛勞表達感謝。

在當下，唯一能用來表達支持與感恩的行爲，就是當個乖巧聽話的小孩。爲了達到這個目的，你必須先能察覺父母對你有什麼期待，再正確無誤地表現出符合該期望的行爲。想表達感謝，你就只能這麼做。身爲一名孩童，如果你能服從父母的意志，透過乖巧聽話的行爲讓父母臉上泛起驕傲的微笑，你也將清楚地知道，自己能期待獲得獎賞與認可。

那麼，當你的行爲與父母的期望相悖時，會發生什麼事呢？父母臉上會隨即蒙上一層冰霜、立刻提出警告和訓誡，並表示對你相當不滿意。這時還是個孩童的你，也會不自覺地反問自己：「我還值得他們繼續養我嗎？還是我其實不值得父母親的愛與照護呢？」

每個人的教養都是一連串調整改進的過程。「任性」形容的正是小孩子在童年時期表現出自我意志的樣子，然而在這個階段，自我意志的發展往往是不被鼓勵的；就算你的父母對孩子包容有加，依然會持相同意見，理由是：小孩子通常會「想要」一些特定事物，但這些事物不一定眞的對孩童有利。例如：在交通尖峰時刻完全不顧左右來車，橫衝直撞地過馬路；又或是用濕漉漉的手指去觸碰電源插座。

換句話說，從你早期的教養中，你接收到了一項相當重要的訊息：**千萬不要做你想做**

的事情，只做其他人想要你做的事情就好了！而這種「只要沒依別人的願望來行事，就是不守規矩」的感覺，就這樣一直占據在腦中，伴隨我們度過整個人生；也正是這種感覺，讓我們輕易傾向於遵循別人的意見、服從別人的命令。

想像你的大腦是一部電腦好了。在這部電腦裡，儲存著人類至今為止所有演化與社會化的程式。每當你遇見一個人，這套程式就會無聲無息地跳出來，並開始執行。即便你明明是個有文化、有教養的人，但思考模式仍與遠古時期生活在大草原上的原始人一模一樣；即便你已是個成人，反應模式仍與孩提時期一模一樣。最明白不過的證據，就是你自然而然地對別人「善良」，好讓自己得人緣、討人喜歡；就算這樣的行為有可能為自己帶來壞處也無所謂。

幫助別人，好讓自己獲得眾人的喜愛，這股熱心助人的衝動有可能帶來毀滅性的後果。最常見的例子是社工人員。這些充滿愛心的人們將自己的注意力毫無保留地奉獻給需要幫助的對象，時刻關注這些需要幫助的弱勢族群，以至於讓自己的情緒掉進無盡的黑暗深淵裡。這就是心理學家史密德鮑爾（Wolfgang Schmidbauer）所說的「助人症候群」（Helper Syndrome）。他所謂的「症狀」之一便是「沒有能力表達自己的感覺和需求，將真實的自己禁錮在一個萬能的、無懈可擊的虛假形象裡」，而這正是一種無可救藥的善良，善良到扭曲並否定自己。此外，處在這種情況裡的人，最後因此導致過勞也是相當常見的。

逃離過度善良陷阱的唯一方法非常顯而易見：你必須將大腦的自動導航功能關掉，切換成手動駕駛。這項轉換需要你十成十的注意力：「自動導航」是讓大腦的想法主宰你的行爲，讓你按舊有的模式來反應；手動駕駛則是反過來，由你來監控大腦的所有思考。我將在本書介紹能幫助你的方法，讓你能像看重別人的需求那樣，把自己的需求當一回事。如果你能做到這點，就等於向前邁出了成功的一大步。

好人其實不受歡迎

全世界的好人都一樣，都有一副熱血心腸；只是這副好心腸每天並非爲了自己跳動，而是爲了其他所有的人。請你仔細閱讀下列五大性格特質，並找出最接近自己的一種：

一、**經驗開放性**：你是否隨和、容易接受新事物？總是對新的經歷感到雀躍不已？常常覺得自己很容易感到無聊？或者充滿創意、擁有無數新奇的點子？

二、**嚴謹自律性**：你做事時講究組織、有條有理，同時也很可靠？一言既出，駟馬難追？會為了長遠的成功，果斷放棄眼前的短暫享樂嗎？

三、外向性：你是否很需要外在刺激？享受與他人一起進行集體活動？有很多朋友？比較傾向樂觀主義？

四、親和性：你總是眞心待人、充滿同理心？善於傾聽？總是為別人著想，並習慣改變自己以適應身邊的環境嗎？

五、神經質：你的情緒波動劇烈嗎？容易感到壓力大嗎？或者常常擔心憂慮，腦袋裡還經常冒出負面念頭？

許多善良的人都不約而同地承認自己有高度的包容力，其中大多數更同時具有勤勉認眞的傾向。「包容」這個詞的涵義裡，也包括了「忍受」。上述提到的社工人員就是如此，他們不僅承受自己生命的包袱，也承擔許多他人的苦難。

- 你是否也一肩扛起身邊其他人的問題？
- 你會隨時替身邊的人著想、會在別人需要時伸出援手，甚至在別人遇到緊急危難、徬徨無助時收留他們嗎？
- 你是否善於忍受其他人的抱怨和訴苦，否則會感到內疚？

高度包容力能讓你避免冒犯別人、和別人起口角或得罪身邊的人。這些都是高度包容力的優點，也並沒有什麼不好，但它同時會帶來缺點，讓你難以貫徹自己的意志和捍衛自己的利益。一味想在所有人面前展現親切、博得眾人好感，很可能會讓你陷入自我背叛的泥沼中。

讀到這裡，你可能會想大聲吶喊：**「可是我的善良親切能讓我獲得大家的喜愛啊！」**眞是如此嗎？我們再回頭看看本章一開始「假如」的一天：

- 就算你好聲好氣地原諒了鄰居夜間的噪音騷擾，但他有表示感激嗎？還是他從你的反應得到一個結論，就是他有權利再次恣意享受他小小的夜間電音派對，反正這是可以被包容的。因爲你沒有及時畫清界線，當他發現這件事之後，自然更肆無忌憚地得寸進尺。
- 就算你總是無條件地敞開心胸，傾聽同事的抱怨和東家長西家短，但你在公司裡的職權有因此擴張、變得更重要嗎？更有可能的是，這位同事理所當然地把你的包容視爲一個訊號，代表你對她的故事相當感興趣，而且每天都想知道後續發展呢。
- 就算你將上司從會議室裡的尷尬解救出來，但他會因此更喜歡你嗎？更有可能的是，上司覺得自己在你面前尊嚴盡失，於是在工作上更加隨意使喚你。等到下次進行年度員工績效會談時，他早就把你在會議室裡的小恩小惠忘得一乾二淨了。

對此，華盛頓州立大學在一項研究中進行了更深入的探討，了解善良者在群體中受喜愛的程度有多高，結果恐怕會讓你大吃一驚：**善良的人受喜愛的程度只能算得上後段班。**換句話說，要是你試圖藉由「當個善良好人」獲得大家的喜愛，恐怕只會讓自己成為邊緣人而已。背後的原因是什麼呢？研究結果給了我們一個清楚的解釋：

一、和善良的好人比起來，其他人難免覺得自己稍微遜色了點

要是會議中沒人願意寫會議紀錄，你卻舉手自願擔任，那麼其他相較之下沒那麼善良的人，在道德感上自然會覺得矮你一截。就像是班上永遠考不及格的學生，偏偏被分配坐在積極努力向上的資優生隔壁一樣，只會讓這個不及格的學生看起來更顯愚蠢。

讀到這裡，你可能會理性地抗議：「這可是在會議上幫了大家一個忙耶！」但話說回來，其他人可不會那麼理性地看待你的行為。

這樣鮮明的對比，只會讓其他人覺得自己站在你的陰影之下，被迫跟著你一起表現而

已。更糟糕的還在後頭，下次開會的時候，主管甚至會期待你自願繼續寫會議紀錄，因爲你上次已經做過了嘛！

二、其他人認為你的善良好意反而壞了規矩

這樣假設好了，在超市的結帳隊伍裡，有人在一旁默默觀察你如何讓那名年輕男子插隊結帳。這個人或許會這樣想：「眞是個大好人！」但更多情況下，他的想法會是：「好個慷大家之慨的人！如果插隊可以被容忍的話，那我們這些人在後面排什麼隊啊？搞不好下次這傢伙就會插我的隊，而且還振振有詞地說其他人都讓他插隊呢！」

對其他人而言，你顯然違背了社會上的不成文規定：插隊的人必須受到懲罰。你的禮讓行爲無疑和打開大門歡迎小偷一樣，不顧其他鄰居的安全，讓竊賊登堂入室，完全無視自己和眾人的財產安全。

三、其他人並不相信好人的動機單純

與其簡單地相信你的善良好意純粹出於一片眞心，多數不那麼善良的人們反而會這樣

想：你的行為背後究竟藏著什麼目的？你想藉此達成什麼目標嗎？你究竟垂涎哪些利益？

這些比較不那麼阿諛奉承的同事們，會如此解釋你的善良行為：

你絕不是為了讓會議順利進行，才自願舉手接過記錄會議的任務，或只是單純為了幫別人一個忙而已。不，絕對不是，你就是想諂媚老闆而已，你就是想跟老闆打好關係，你就是想讓同事們看起來都跟懶鬼一樣。如果不是這樣，那你一定有更卑鄙、更令人厭惡的計畫；搞不好你一開始就想趁大家不注意時，偷偷把你自己的意見當成「多數人的意見」混進會議紀錄裡。

就像畫家只會用手上僅有的顏色來作畫，多數人也只會透過自己的價值判斷系統，找出足以解釋別人行為的原因，心理學上稱這種情形為「投射」。比較沒那麼善良的人們，會把你的動機貶低到較不好心的程度，這是因為他們未曾有同樣的念頭和想法，不相信有人會單純出自善意來做任何事情。

你那出自善心的種種行徑，只會讓你掉入一個就算跳進黃河也洗不清的陷阱裡，也就是大家所常說的「模稜兩可」。你這種違背常理的行為，讓大家有了多重解釋的空間，你的個性形象於是成了一面投影布幕，所有人都能自行猜想你有怎樣的人格缺陷，然後投射上去，好解釋你的行為。

吸引力法則也在這裡插上一腳：一個人的善良若是出於恐懼（怕自己要是不這麼做，就會討人厭），那麼他就只會吸引自己最害怕的東西靠近：討人厭。若周遭的人越常覺得自己必須或應該覺得這個人是個好人，大家就越不願意這麼做。

不過這裡也有一個例外：好心人會受到「頻率相同」的人愛戴，這些人認同一樣的價值觀，也都是善良的人。當兩個善良的人在路上遇見時，他們只會互相爲對方設想、對彼此保持超乎常理的友善。假設這兩人在路上不經意地同時走向一扇門好了，彼此都會堅持要禮讓對方先過。我就曾遇過這種誇張的情況：某次會議上，有兩位善良的與會人，都不好意思獨攬專案的功勞，於是互相謙讓著要把績效給對方。這兩名任職在某大型生物科技公司、績效絕佳的女性對話是這樣的：

「譚雅，你和客户維持的良好溝通，正是我們這次能大幅超越目標的關鍵因素。你做得眞是出色。」

「你太誇張了啦。我根本沒做什麼，只不過是打一通十分鐘的電話而已。你那個新藥物的點子才厲害，眞的讓我們往前邁進一大步。」

「我那點想法啊？我不過是引用了參考文獻裡的東西而已。是你把這個點子傳達給整個團隊，讓大家都認同。」

「你就是這麼謙虛。這眞的不算是我的功勞，反而該是你……」

這種對話最有趣的點在於：**每個人都在禮讓，而這些行爲其實都會損害自己的利益；不論是讓另一方先行過了那扇門，抑或公開把績效和肯定讓給對方。**

不過眞實人生可不是夢幻的小動物牧場；換句話說，絕大多數情況下，你身邊都充斥著沒那麼善良的人，而不是和你一樣的好心人；而每隻無害的小羔羊，也都毫無例外地將引來狼群覬覦：

- 你的禮讓行爲若成爲眾所周知的資訊，就會引來各種毫不顧忌推開你的人。
- 要是大家都知道你慣於貶低個人工作成就與表現，就會有人趁機強占你的功勞、吹噓自己在工作上的貢獻。
- 你這種不擅長拒絕別人的習慣如果變得人盡皆知，就會引來　群開口要求你幫忙的人，不論這些事情是否合理。

善良是種危險的嗜好，也並不是人人都有能力消受得起這種「昂貴」的嗜好。接下來，我們來談談這些善行背後要付出的代價。

我差點因失血過多而死的那天

約莫十五年前，我曾因爲太過善良，害自己差點失血過多致死。我總共犯下三項錯誤，讓死亡順藤摸瓜地找上了我。

第一項錯誤發生在上午。當時我正在休假，所以並不想查看工作上的電子郵件；但說時遲那時快，一個簡短的信件標題立刻抓住了我的注意力：「超級需要你的意見！」那是我的客戶安娜．艾格寫來的，她突然接到一個意外的工作機會，非常需要在短時間內做出決定。她急切地提出請求，希望能「迅速」和我約個電話會議。

我很清楚艾格女士有多看重我的意見。我不能，也不該留她獨自面對這樣的難題——不過是短短一個小時的電話諮詢，反正我在休假，時間綽綽有餘。「好的」，我跟她約定的諮詢時間是下午四點。

第二項錯誤則發生在會議開始前的一個半小時：洗碗時，我一時手滑，打破了一只蛋糕盤，在手上劃出一道很大的傷口。我還沒來得及感覺到痛楚，鮮血已將整個洗碗槽的水染成鮮紅色。我立刻將手從盛滿水的水槽裡抽出來、快步衝向醫藥箱。右手食指上，被碎片劃破的傷口深可見骨，鮮血就像小型噴泉般從切口汩汩流出。OK繃根本貼不上去，鮮血立刻就讓它失去作用；紗布也無濟於事，就算裹在傷口上，不到一秒的時間，整塊紗布隨即染成了深紅色。衛生紙當然也是同樣的結果。

「你得去看醫生！」我在心裡對自己大吼。但心中卻有另一個聲音回答：「你怎麼能去看醫生？你不能讓艾格女士一個人頂著淒風苦雨，獨自面對難題。晚一點再來處理這個傷口！」

這便是我在那天犯的第三項錯誤，而命運諷刺地向我指出了這一點。標準時間下午四點——我的手指用白色布餐巾一層又一層地包了起來；當然，這些餐巾也不例外地早就染成一片暗紅色——我居然乾坐在那裡，枯等艾格女士的來電。三十分鐘過了，下午四點半，艾格女士傳了一封電子郵件，說她的小女兒胃不舒服、一直想吐，問我能不能把會議延到明天？突然間，艾格女士似乎不那麼急需我的幫忙了。

醫院裡，外科醫師看著我的傷口，不可置信地搖著頭：「三個小時前？你爲什麼拖到現在才來？你知道你整個人看起來已經很蒼白、完全沒有血色了嗎？你知道你很可能因爲失血過多、在家休克而死嗎？」醫生一邊說著，一邊縫合我的傷口。爲了以防萬一，縫合結束後，我仍必須待在醫院裡觀察幾個小時，等醫生確認無礙後才能離開。就這樣一直折騰到三更半夜，我才終於回到家。

艾格女士至今仍對我當天發生的意外毫不知情。當時的我一點都不想讓她感到愧疚，畢竟又不是她害我的手指流血。但我不得不承認，我內心確實感到懊惱，氣她臨時取消我們的會議，還用一個簡短且毫無商量餘地的藉口。

在這件事之後，我統整出幾項自己在善良好人身上觀察到的原則：

一、**只要在我有能力幫忙，我就會幫忙：**我總是在當下覺得自己有義務和責任幫助身邊的人。如同艾格女士的來電，我自作主張地認爲那是一通「急難救助電話」，自以爲是其他人的飛天小女警，不論在多艱困的情勢下，我都得起飛救人。

二、**其他人都有優先權：**我認爲自己的需求較不重要，並主動將順位往後延，讓別人的需求能更早一步獲得滿足。我因此中斷了自己的假期、冒著失去生命的風險，還拖延了手部割傷的治療。

三、**我的崇高犧牲應該受到衆人的尊敬：**當我發現艾格女士並未和我一樣重視這個會議時，我相當失望。她不但沒有讚美我的犧牲奉獻，甚至片面取消會議，我當時驚訝到差點從椅子上跌下來。但事實上，她只是比我更理性地處理了自己的需求而已。

四、**我不允許自己過度張揚已做出的犧牲，好像自己有多偉大似的：**說實話說，我在與艾格女士的下一次會議中，並沒有很誠實地對待自己，因爲我對那天的手傷意外隻字未提。我既不想為了這點小恩小惠造成別人的困擾，也不想讓她良心不安，更不想給自己戴上什麼善良好心的高帽子。

在這件事發生後的十五年裡，我一步一步地成功將自己的「好心人」心態調整至合理的範圍內。然而在向我求助的無數案例裡，我不斷看見許多和我過去類似的行為特徵。以下是我在過去幾個月內看到的幾個例子：

- 拉思．米勒認為自己應該要獲得升遷加薪，然而在與主管的一對一會談裡，他不但沒有得到這個機會，反而聽到主管親口告知：「你是個好人。但這個職位需要一個會架拐子、能在爭執裡獲勝的人。很可惜，我不認為你有這樣的特質。」
- 專案經理麗莎．哈特曼的前夫決定離開她，且理由徹底出乎她意料之外：當她指責對方「我一直在為你著想！什麼事都以你為優先！」時，老公卻回答：「這就是我們婚姻失敗的最大原因：你為了我的人生，完全放棄了你自己的人生！」他因此決定另娶新歡，決心和一名更有自覺的女性共度人生。
- 珊卓．蓓塔菈說：「前幾天，我正走在人行道上，一個男人經過時撞了我一下。你知道我脫口說什麼嗎？『真抱歉！』我居然對著失禮的人說『抱歉』？我可是那個被撞的人，但我卻自動把對方的過錯視爲自己的，還眞是我會做的事。被撞後又說出這句話的我，簡直感到雙倍難受。」

- 妮娜．可尼西提到主管如何將她搾得一乾二淨：「每次只要遇到沒人願意做的苦差事，他就自動分配給我，而且還常常在快下班的時候。他總是這樣說：『可尼西，這事只有交給你，我才能放心。』蠢得跟豬一樣的我還每次都回答：『當然，沒問題。交給我你放心。』我的工作與生活平衡計畫當然完全不可能實現。可是如果拒絕的話，會讓他失望，這又是我對自己絕對交代不過去的。」
- 佛克．尼泊是一位中階經理人，他會找我諮詢，主因是他的部屬們總能「把他耍得團團轉」。我注意到他在談話時，不斷用痛苦的表情抓著自己的背。當我問他做出這個動作的原因時，他說：「我搭火車過來的路上拉傷了自己的背。多年來，我一直有背痛的問題。我自己的行李箱當然會往椅子底下塞，但當我坐好後，卻看到一個瘦弱的女生提著一只相當大的行李箱，正奮力地想把行李箱抬上行李架，我沒多想就出手幫忙了，結果就是拉傷自己的背。」

現在讓我們好好釐清一下狀況：將各位訓練成在未來的人生裡，只顧自私自利、不顧他人安危的自我主義者，並不是我寫這本書的目的。

雖然社會整體風氣正逐漸轉向冷酷無情，但這絕不是我們應該讓自己變得冰冷無感的理由——正好相反，我們的社會需要更多溫暖與關懷。

儘管社會上有許多孤芳自賞的傲慢者，卻不代表我們也要成爲一個傲慢無禮的人——正好相反，我們的社會需要更多互助。

即使越來越多人利用強硬的手段獲得成功，卻不代表我們也應該讓自己的能力變成攻擊別人的武器——正好相反，我們的社會需要更多合作、少一點惡性競爭。

正因如此，身爲一個善良的人，你千萬不能把自己的利益拱手讓給那些自私自利又蠻橫驕傲的人！如果你再這樣繼續當個濫好人，不僅對不起你自己，更對不起整個社會。因爲**你的每一小步退讓，都會讓自大傲慢者更向前跨進一步；每一個你忍住不發的意見，都會讓另一個根本狗屁不通的藉口得逞；每一次你謙虛地往舞臺後方退，都會讓另一個愛搶功勞的人得到更多的鎂光燈。**

這種搶功勞、占便宜的思想已經成了社會主流。美國密西根大學甚至曾對此展開研究，研究結果指出，和三十年前相比，現在的學生對身旁其他人的關心少了四〇%左右。研究者們將此歸因於社群網絡、電視實境秀，以及每日的學習競爭，長期下來導致人與人的關係惡化，也造成群體間的冷漠。

千萬不要退縮逃避！勇敢反擊吧！你所贏回來的每一尺、每一寸，都不只是爲了你一個人所謀求的福利，而是爲了整體社會和群體關係。因爲你將代表所有善良的人們贏得該有的存在感與權力，而不是毫無抵抗地讓渡給自私自利的人。

你正在蹲「好人監牢」？

不爲自己利益著想的行爲，真的能爲你帶來什麼好處嗎？舉例來說，早上開車上班時，你讓一輛從側邊小巷鑽出來的車子插入長長的車陣中，還擠到你前頭；但你明明就行駛在主要幹道上，擁有更高的路權，而且你已經快遲到了！

透過研究，社會心理學上將人們的無私行爲分爲以下幾種：

- **道德利他主義：**你會讓這輛車子插進隊伍裡，是因爲你認爲道路法規就是這樣規定的（即車道刪減時所使用的「拉鏈規則」）。
- **同情利他主義：**你示意讓另一輛車插進你車子前方的位置，是因爲你憐憫車主；當然，你也有可能只是一時惻隱之心發作，才讓對方插隊。此時的你做出了相當主觀的決定，完全取決於自己的喜愛和偏好。

- **理性利他主義**：你會讓對方插入主要幹道，還先你而行，完全是因爲你正打著「下次我遇到同樣情況時，別人也會好心地讓我」的如意算盤。你是考慮過優缺點之後，才做出這樣的決定。

很可惜的，道德利他主義是一把雙面刃。我們的社會雖然需要一定的規範和法律才能順暢運行，然而隨著每一項社會（或你自己私下）所設定、令你感到委屈的規範，你的行動自由便一點一滴地消失無蹤。如此一來，你只能徒勞無功地坐在一座由自己的善良好意打造出來的牢籠裡，並有種無法從自己的行爲規範中掙脫出來的感覺。你的這種偏好會引來較不遵守社會規範的人們，並會想盡辦法利用你這分道德感。舉例來說，許多相關研究皆指出，較善良的人們反而較常有金錢上的問題。

- 買單時，你偶爾會順便結了其他人的酒錢。
- 有時你會借別人錢，但最後總是要不回來。
- 談薪水時，你有時會完全被對方牽著鼻子走，搞得最後全盤皆輸。

至於到底該選擇哪一種利他主義，當然是你的自由：你可能是個十分遵循社會規範又善良體貼的人，而這單純只是因爲你想當這樣的人；你有足夠的能力，可以隨心所欲地從手上的調色盤裡選擇今天想使用的行爲模式。舉例來說，今天在工作場合裡，你可以選擇讓自己稍微不那麼善良，如此一來，才不會被同事們小看了。但與此同時，你也可以選擇把自己的善良留給身邊那位好心的姊妹淘，因爲她同樣也是個善良且親切的人。

義大利經濟學家帕雷托（Vilfredo Federico Damaso Pareto）經典的博弈論或許能提供你一個合理的參考原則：繼續保持這樣的行爲，讓至少一名參與者感覺獲得你較親切的對待；與此同時，其他的參與者也不至於覺得自己遭到差別待遇。帕雷托利他主義可說是最能達到皆大歡喜的選擇，在這樣的原則之下沒有輸家，卻同時能產生至少一位贏家——還眞是項充滿人生智慧的原則，能幫助我們自然而然地打造永續長久的人際關係。

你與生俱來的善良好意不該隨意展現出來，應該像訓練過的鴿群，在不停飛翔兜圈後，又回到你身邊。我舉個例子：假如你今天爲了幫助一位值得信賴的好友而借他一筆錢。這位值得信賴的好友除了會眞誠地表達感謝，等到手頭寬裕後，也會立刻如數歸還這筆錢，甚至還會請你吃頓飯，一起歡慶他終於脫離危機。這樣一來，你們兩個人都會因此受惠：你的朋友能因爲你的協助度過一時的財務窘境，你也能在能力範圍之內做出善舉，卻不必擔心得賠上自己的積蓄，或因此傷了彼此的友誼。

來自美國的研究報告指出，從事公益活動或做善事都有助於延長壽命。在健康條件相同的情況下，樂於助人的貧窮老人中，有六成活得比不常做公益的老人更久。

但有一種善良會帶來危險：這種善良只爲接收者帶來益處，卻會爲你本身帶來損害。舉例來說，你借給同事一筆錢，但他連過去欠你的錢都沒還清。如今他再次開口拜託：「你過去幫過我好幾次，你絕對不知道我對你有多感激。這次請你務必再幫我一回——我只需要兩千元而已，下週我就還你錢。」

這時你應該打從心裡感到一陣反感吧。不過因爲你天生善良，所以內心不自覺地對自己嘀咕：「別這麼小氣嘛！你又不是沒這個錢。而且你也聽到了，他說他很感激你的幫忙呢。也許他真的需要這點錢繳電費，要是沒有你的幫忙，他今晚就得摸黑過夜了。」

假設你最後還是借錢給他。當他走出辦公室的時候，你覺得他心裡是什麼感受呢？當然是既輕鬆又舒暢。那你心裡有什麼感受呢？簡直糟透了！前面介紹的帕雷托利他主義在這裡沒有用：你在答應這筆「交易」後，感覺百分之百比之前更糟！

除此之外，現在你可以非常確定，那位同事不過是刻意要利用你而已。葛蘿莉雅·貝克（Gloria Beck）撰寫的《被禁止的演辯術》（*Verbotene Rhetorik*）一書中曾提到「同理心技巧」，那些富有同理心的人們，就是她書中所稱的「目標人物」。透過她的書，大家可以了解有心人士如何技巧性地建構一個「虛構」的危急情況，準確地打動這些好人（也就是她所謂的「犧牲者」）並藉此操弄他們。

書中提到：

「你描述了一個緊急情況。這位富有同理心的人士心中，會因此感受到一股不自在的同理反應；接著，此人便會提供你幫助，好免除自己心中的罪惡感——若是他沒有這麼做，心中的歉疚就會油然而生。你因此順利獲得幫助。事情就是這樣易如反掌。」

千萬別掉入這種陳腔濫調的戲碼！**每一次想幫助別人前，請務必問問自己：這項善舉對你有任何好處嗎？**——不要只顧眼前的利益，也要想想中長期的利益。請務必思考一下，當你在一週、一個月，甚至一年後再次審視眼前的狀況時，你仍會做出相同的決定嗎？

一廂情願地扮演善良好人，只會更快速地將你的生命能量消耗殆盡；總有一天，會連接收內心需求發出的訊號都做不到。被你強迫壓抑在心中的異議，到頭來只會傷害你自己：你並沒有正大光明地表明自己的需求、釐清你與對方的關係，並採取必要的防衛，好保護自己不被別人的要求所淹沒，反而幼稚地採取鴕鳥行爲，來逃避正面衝突。

被你壓抑的健康良性防衛，此時將漸漸轉變爲自我攻擊。自我懷疑將偷偷誘發你的憤怒，恐懼將籠罩著你，憂鬱則將牢牢攫住你的喉嚨。當你裝出一副泰然自若、強顏歡笑的模樣時，你的內心卻處在完全相反的狀態。當你一步步違背自己的意志時，便是在一步步遠離自己眞正的核心；這無異於雙手緊緊握拳，卻打算一輩子都插在口袋裡隱藏起來。這樣的人生何其辛苦，最終只會落得崩潰過勞的下場。

好人更難生存於現代社會？

在現今社會裡，善良的人所遇到的生存困境可能更甚於以往，這是因爲傳統道德禮儀的界線如今不復存在的緣故。現代人的生活建構在自己所做出的一連串決定之上，要是你在做這些決定的同時，太過於顧慮他人的需求，將會把自己的人生帶向岔路。

從前的社會倒是沒這麼危險，舉個我祖父母的例子來說明。瑪莉雅和威廉出生於一八九五年的黑森林地區。他們會有選錯職業的風險嗎？幾乎不可能，他們兩人都來自於農家，因此毫無例外的，他們長大後都會以務農爲業。他們會有選錯人生伴侶的風險嗎？幾乎不可能，他們的父親都各自擁有一座巨大的農莊，並由彼此的父母決定相親成婚。他們有可能在家庭計畫上做出任何危險的錯誤決定嗎？幾乎不可能，當時的科技尚未研發出避孕方法，而嚴謹的教會禮俗亦不允許夫妻避孕；換句話說，他們別無選擇地會有一群小孩。他倆共育有九個孩子，我父親是年紀最小的一個。

他們並沒有替自己的生命做決定，而是生命替他們做了決定。瑪莉雅與威廉經營著自己的農場，就如同他們的父母所預期的一樣。農場裡，兩人的生活作息隨著日升月落規律地進行，一年四季，春去冬來。何時該給乳牛擠奶、何時該撒米餵雞、收割乾草或播種耕田，全都由不得他們，而是大自然的時序替他們決定。

農場的工作左右著他們的日常生活。瑪莉雅與威廉不會收到任何派對邀請、不需要滿足孩子們什麼特別的願望，也不會應鄰居的請求幫忙打理田地；因爲不顧好自己的莊稼，就沒有收成。理所當然的，隔壁鄰居也同樣自給自足，日復一日地生活下去。在他們的生活情境裡，多餘的「善意」要是放錯地方，馬上就會危及自己的生存。對兩人來說，謹守自己的界線相對容易，這是因爲農田土地有所分界、教會禮俗有既定的規範和義務。

然而這些界線及約束在過去幾十年內已完全崩解。如今的人們不像過去那樣，現代人沒有固定的領土，得依靠個人信念來捍衛自己的界線。從那時起，每個人都得靠自己的運氣，在這種情況下，你的善良好意只會讓你在競爭裡屈居下風：

- 教會的影響力逐漸式微，現今社會中，幾乎沒有人會再讓教義對自己的生活指手畫腳。每個人隨心所欲地遵循自己心中的一把尺，並自行定義所謂道德權利與他人權利的分界。對一個善良的人來說，這是相當危險的處境，因爲其他不那麼善良的人，將有無數機會來敲你竹槓。
- 工會組織的影響力日漸式微，在外工作的多數勞工必須完全靠自己來爭取薪水、談判工作條件。不擅長爲個人權利辯護的人，在薪水談判的角力中將屈居下風。
- 社交禮儀逐漸式微，現今衆多年輕人不再認得什麼天主教會發給每個人的《家庭行爲守則規範》（*Knigge*）；光聽發音，還以爲是家樂氏（Kellogge's）玉米片呢。要是誰還按著那本手冊的規定，不管任何小事都對別人說抱歉，他就應該要有心理準備，身邊所有人都會視這種行爲爲弱者的象徵，加倍利用他。
- 社會的共識逐漸消失。以往衆人毫不懷疑的事實，現在都被拿出來再三檢視——例如許多人認眞地在討論，世界上除了男性與女性之外，是否還有第三性別。在現下這種有著各種不同意見與思想交鋒的社會中，要是無法堅定地捍衛自己的立場與權利，馬上就會在討論裡中箭落馬——即便從客觀來說最聰明的意見也不例外。
- 傳統小鎮守望互助的生活型態正在逐漸消失，因爲越來越多人逐漸往大城市遷移。傳統生活型態裡，一個人的社經地位取決於出身家庭傳統地位，但這種穩定的上下階層在今日已不復見。當我們認識新的對象，社交手腕馬上就會決定彼此的地位高低。認識新朋友時，要是有誰搞砸了自己的形象、表現出退縮的樣子，周遭的人立刻就會察覺這一點、下修對此人的評價，並將之利用殆盡。

現代社會裡，人們必須大聲地為自己的信念辯護。善良好人的強項，就是能同理周遭人們的訴求，但這同時也成為自己最大的威脅：這意味著善良好人會自動以他人的需求為優先，而非自己的。

許多年輕人選擇工作時，會依父母親的期望決定。善良的女兒因此沒有如自己所願成為一位藝術家，而是變成一名朝九晚五的公務員，因為父母親已經說服她，接受這是對自己而言「最安全」的一條路。**在人生的十字路口，在最重要的時間點，沒有勇氣說「不」的人，只能用後半輩子承擔自己種下的後果。**

同樣的道理也適用於生兒育女。舉例來說，我還很清楚記得當時四十四歲的商場女強人佩特拉．包爾這樣說道：「對一名職業婦女而言，四個小孩實在太多了。如果當時我可以自己決定的話，我會說只要兩個小孩就好。」

「想要更多孩子的是您的先生嗎？」我這樣問她。

「我先生是不是這樣想，我倒是沒那麼確定。」

「那麼這是誰的主意呢？」我有點不解。

接著，佩特拉娓娓道來自己如何在一個六口之家長大，而她最親愛的母親不斷許願，說她打從心裡「至少想要四個可愛的孫子」。

「也許我當時並不清楚這些行爲的關聯，但我想我現在清楚了：那時候的我並不想讓母親失望，這才是我生了四個小孩的主要原因。」

不能好好抓住人生之舵的人，很快就會失去掌控權；取而代之的，是讓別人來主導他的命運。而此人的存在將有如被捲入一部不屬於自己的電影般。

天生敏銳的原罪

善良的人往往擁有一副與生俱來的靈敏天線：能感受到周遭人們對他們有哪些期許。正因爲善良的人不願意讓其他人失望，於是只好讓自己失望。

- 工作上，如果有充滿挑戰的出差機會，他們很自然會讓同事們先搶；或是要安排大家的年度休假計畫時，善良的人會自動讓別人先挑日子——什麼都好，就是不要惹同事生氣！

- 在伴侶關係中，善良的人學著如何放棄一切，好讓心愛的伴侶能實現想要的一切——怎樣都好，就是不可以只在乎自己！
- 在教養方面，善良的人滿足孩子們的每個願望，就算代價過於高昂也不例外——怎樣都好，就是不要讓小孩垂頭喪氣！
- 和身邊的人相處時，善良的人永遠彬彬有禮，即便別人失禮在先，或做出過分的要求也一樣——怎樣都好，就是不要引起紛爭。
- 心地善良的女性在這方面更是有強烈的傾向：當男人做出有害自己利益的行爲時，不但容易原諒對方，還會爲了要挽救男人破碎的世界而奮不顧身——其無私的程度，大概就像每個酒鬼身邊都有一位永遠給予協助的「聖母」那樣。

這種能設身處地站在別人角度設想的能力，同時也隱藏著讓善良好人失去自我的風險；和男性相比，女性又特別容易深受其害，因爲女性更容易將周遭人們的情緒和自己連結在一起。

哈佛大學曾做過相關研究。實驗中，他們對受試者播放一系列人們處於激動狀態的影片：有些人得知自己中樂透，有些人則是接到親人的死訊或噩耗；而且這些影片都已消音，僅能看到肢體動作和面部表情。實驗結果顯示，在判斷影片中人物的情緒上，女性受試者的準確度比平均值高出八〇%左右。

話說回來，善良的男性同樣岌岌可危。哪個男孩不曾被心目中的女神親切地說「你眞是個善良的好人」？沒多久，他就會發現自己被另一個「霸道總裁」般的對手擊敗了。正因爲相較之下，對方沒那麼善良，在女神面前才能顯得更有「男子氣概及吸引人」。更甚者，有些善良的男性還會因爲實在太過謙虛，自動把心儀對象拱手讓人。

知名女記者安娜卡特琳・羅斯就曾舉出一個活生生的個人經驗爲例。曾有名男性不時寫愛慕的小紙條給她，對她的寵溺甚至到了在早上五點鐘起床爲她煮咖啡的地步，還寫給她無數首情詩。然而有一天，這名男性卻主動提了分手，原因是：「反正你遲早有一天會找到更好的男人，並因此拋棄我。」這名男性就這樣說掰掰了！

善良好人常秉持著一種「美德」，儘管許多人對此讚譽有加，但老實說，對好人自己並沒有什麼太大的好處：**無私**。請再仔細看一下兩個字，要達到「無私」，就必須先失去私人，也就是自己——你得像丟開一個沒用的包袱般把自己丟掉。問題是，一個人若是放棄爭取自己的利益，就會先失去自己對外界的影響力：

- 如果你選擇忽略自己的需求，那麼別人也會理所當然地忽視你的需求。
- 如果你不先認眞地看待自己，那麼別人也不會把你當一回事。
- 如果你對嚴肅正經的問題一笑置之，那麼別人也不會正經地看待你。
- 如果你將自己的善良好意視爲理所當然，那麼其他人也會將你的善良好意視爲理所當然——就像免費的好康，沒有人需要事先徵得你的同意。

太推崇「無私」的人，最終只會落入自暴自棄的結局（這後果聽起來很災難）。首先要知道的是，在我們的日常生活中，社群媒體不斷大肆報導那些熱中於競爭的人，但這時候，我們該豎起大拇指讚賞這些好鬥的人，還是應該倒過來抵制他們？在早期社會裡，自尊是發自內心的一種精神，但現在完全不是這樣，現代社會的自尊是透過與他人比較彰顯出來的：誰的推特粉絲多、誰的臉書好友多、誰的IG按讚數多、誰的工作成就較高、誰的房子比較大、誰的伴侶比較帥氣美豔，以及最後的：誰比較有錢？

這種種衡量標準完全取決於外界。你不只想要成功，還想比別人更成功；你不僅想顯得聰明，還想顯得比別人更聰明；你不只想變有錢，還想比別人更有錢……只有超越別人，才能獲得優勢。這種心態在人們內心深處緊緊扎根，而對善良的人來說，情況將變得無比險惡：

- 哪種應徵者能進入最後一關？是最善良的那個，還是看起來最有自信的那個？
- 在兩性關係或婚姻裡，哪種伴侶更有可能實現自我？是最善良的那個，還是會勇敢爲自己爭取權益的那個？
- 哪種顧客能在買車時談到最好的價錢？是最善良的那個，還是議價態度更強硬的那個？

你一定會想：「不要自視甚高」不一直都是人人讚揚的特質嗎？自動退出競賽，不要像倉鼠跑滾輪那樣無限追逐事業上的成功，不是一個明智的想法嗎？難道善良的人只是精神勝利者，實際上在衆人眼裡卻是個明明白白的大輸家嗎？

擁有許多顧問經驗的我，在這裡要明白地告訴你：假如你錯過應得的升遷機會、在調薪時被忽略，或是在友情贊助時被人當凱子削，對你絕不是一件好事。伸手給予別人資源的人，理應得到回饋；用心付出的員工，理應得到上司的獎勵。如果缺少了這樣的正面回饋，一切只會變成徒勞無功，只會讓人感到沮喪。

著名的哲學家尼采曾說過，世界上的人可以分成兩種：一種人會自我調整、犧牲自己的獨立性，並故意掩蓋自己的能力。這些人緊緊黏住社會道德的規範不放，對外界的要求永遠使命必達、永遠小心翼翼地觀察身邊人們的行爲舉止，並試圖融入他人。

另一種人則既出色又罕見，這種人會爲了自己的理想拚命。他們懂得捍衛自己的獨立性，並拒絕與他人混爲一談。這是因爲出色的人並不願意被拿來與誰相比，他們只想和自己比賽：我今天是否做得比昨天好？他們每天都在不斷超越自己，正如同尼采的名言一樣：「成爲你自己！」

身爲善良族群一員的你，唯有找到足夠的勇氣、離開那條不停想迎合大家的道路，才有可能爲自己的獨特性劈開一條嶄新的小徑，並活出屬於自己的出色人生。

好人形象讓你深陷危機

不論是私生活或工作上，到底該怎麼做，才能獲得別人的認可？善良人士給我的答案大多是這樣的：

- 同事們需要幫助時，我會義不容辭地協助並全力支援他們。如此一來，我一定能成爲大家眼中的好同事。

- 如果我願意為伴侶犧牲奉獻一切，那我絕對稱得上好伴侶。
- 如果我幫助別人，那我就是一個好人。

這些句子聽起來都十分良善且符合社會價值，但其中隱藏著許多危險因子。在這些句子裡，你的自尊都和某項「服務」綁在一起；就像是在說「因為我不夠好、不夠值得，因為我是這種人，所以我必須做點什麼，才配得擁有自己的價值」，彷彿你的自尊是一種工資，只會按你付出努力的多寡來給付，否則就會被拒絕：

- 我是一個好同事，因為我義不容辭地幫助同事——要是我不這麼做，我就是糟糕的同事。
- 我是一個好伴侶，因為我願意為另一半犧牲一切——要是我不這麼做，我就是差勁的伴侶。
- 我是一個好人，因為我幫助別人——要是我不這麼做，我就是壞人。

我們換另一種方式舉例，更清楚明白地闡釋這種風險：有個擁有一座小菜園的人，他種植了萵苣、番茄和黃瓜，而且沒有人強迫他必須將自己種的菜拿到店裡賣。當他走進一家販售蔬菜的商店時，他也可以自由認定這些蔬菜值多少錢。如果他覺得某種菜太貴了，那他就不會買。反正他能自給自足，也不需要靠別人的農作物來填飽肚子；換句話說，他有選擇的自由。

但一個不自己栽種蔬菜的人，得去商店採買才有東西吃，餐桌上也只會出現他買回來的東西。換句話說，他不但得去商店買東西，還要頻繁地去；不論貨架上的價格如何，他也只能接受，否則就得空手而回。

許多善良的人就像這樣，推著購物車不停穿梭在賣場裡，不斷想從貨架上拿取自己在內心找不到的東西——這個找不到的東西便是認可。你會爲了得到別人的讚美付出一切，爲了得到別人的尊崇，就算粉身碎骨也願意。你如此渴望從外界獲得自尊，卻不願意從自己的內在去培養它。

著名美國心理學家納撒尼爾．布蘭登在他的成名巨著《自尊心：六項自尊基礎的實踐法》裡寫道：**「所謂的自尊感，是一種內心深處的經驗。這種感覺住在我們內心的最深處。這是我對自己的看法和感受，絕不是別人對我的看法和感受。」**而在該書最後，布蘭登更得出一項結論，在這裡我要特別爲善良的人們把這句話摘錄下來：**「大多數人生命中最悲慘的事，莫過於花費大把時間在世界各個角落找尋自尊，卻從來不曾往自己的內心深處翻一翻。」**

試圖從別人身上找尋自尊的人，只會變得更依賴他人的評價，而這樣的嘗試最終一定會失敗。每個對你豎起大拇指稱讚的人，隨時都可以將大拇指向下轉來批評你：

- 想藉由受他人喜愛來強化自尊的人，只會更加削弱它——這是因爲人氣總有消失的一天。
- 想透過幫助別人來強化自尊的人，只會更加削弱它——這是因爲你的幫助也會有顯得多餘的那天。
- 想勉強改變自己好融入群體，並藉此來強化自尊的人，只會更加削弱它——這是因爲群體可以隨時將這樣的人踢出去，屆時反將導致自我的迷失。

爲什麼一般來說，《公平交易法》裡都會包含「反托拉斯」的法律？正是因爲當所有顧客都依賴同一家公司的產品時，這家公司就能毫無忌憚地對顧客獅子大開口。當身邊的人們察覺到，你的存在與自尊取決於他們給你的肯定時，你認爲他們會怎麼做？他們會坐地起價！你必須做越來越多的事情、給予、犧牲，好換取他們對你的肯定，而這一切最終都會將你逼向情緒崩潰。

珍妮．蓋博是我的一位長期客戶，她在公司裡就是所謂的「好好小姐」。每個遇到困難的人，都知道要去找她幫忙。在頭幾年裡，這種事一週頂多發生兩、三次，於是珍妮把這些小差事當成大家對她的讚美；畢竟其他人也是認爲她有能力，才會來找她幫忙嘛，而她也習慣性地從這些求助者身上汲取自尊。

然而隨著她「好好小姐」的名聲逐漸散播開來，她開始接到越來越多求助：越來越多同事跑來找她幫忙解決問題，這些關於問題的討論甚至已延誤到她自己的工作。其中更有一位男同事，說他有「間歇性憂鬱」，理所當然地將珍妮當成私人心理諮商師；就連在辦公室裡，也會直接坐在珍妮的辦公桌旁跟她聊，還一坐就是兩小時。

她只能把工作晾在一旁、呑下老闆的責罵，並偷偷加班把工作做完，才能繼續幫助這位同事。珍妮這樣做的原因，是因爲她毫無選擇。身爲辦公室裡的「好好小姐」，她必須這麼做。

最後，這位憂鬱的男同事甚至想到了一個「更棒」的主意：只要他當天感覺一直很糟，就算是下班時間，他也會打電話給珍妮聊天；而他幾乎每天都感覺很糟。更甚者，這些電話還經常在晚上十點後響起，每次通話時間也都相當長，完全剝奪了珍妮與家人相處的時間。當然，珍妮的先生一點也不好受：妻子花在與一名陌生男子通話的時間，顯然比和自己在客廳相處的時間還多。

每次珍妮來找我諮詢時，看起來都像處在過勞邊緣。首先，她的右眼皮毫無原因地不停跳動，也深受嚴重失眠之苦；除此之外，她一整天都在自責中度過，因爲不論她投入多少精力在辦公室的社交活動，她仍認爲自己「無法滿足所有的人」！

我在諮詢時問她：「如果你明天乾脆告訴他：『嘿，我沒有力氣也沒有時間聽你說這些事！』你認爲會發生什麼事呢？」

「我覺得我無法這麼做。這完全違背了我的天性啊。」

「你的意思是說，說出事實是違背你天性的事？」

「但要是我這麼做的話，所有人都會對我失望。大家都期待我能爲他們挪出時間。」

「但你其實是在挪用一些你根本就沒有的時間。這麼做究竟能讓你從別人身上獲得什麼呢？」

「嗯，他們會認爲我是個『好心人』。」

「如果你不再來者不拒地傾聽所有的煩惱與問題，難道就不再是個『好心人』嗎？」

珍妮猶豫了起來。「至少在別人眼裡，不再是了。」

現在她了解問題的核心是什麼了：珍妮需要的是通往自己內心那座菜園的道路。這就是爲什麼她總是用外界的肯定來塞滿自己的購物車，但這些肯定的價格實在太高了。

檢測你是否「人太好」 被搶走的停車位

情境：

在聖誕節前的某個週六，我想去採買一下聖誕禮物。在這種節日前，百貨公司附設的停車場毫不例外的全部停滿。我開車繞圈好幾分鐘，希望能看到一格空位。好不容易，終於盼到一對退休老夫婦抬腿跨進他們的福斯五門掀背車，準備離開。我馬上開到後方就定位，並且打好了方向燈。不過這位老先生的倒車技巧不怎樣，我只好再往後倒一點，好讓他能順利把車開出來。

說時遲那時快，一輛車子從另一邊迅速靈活地拐彎滑進了才空出來的停車格。雙手握著方向盤的駕駛是個肌肉發達、孔武有力的年輕人，頭上還戴著一頂鴨舌帽。早在我等在車位旁、打好方向燈的時候，他就曾從我旁邊經過；換句話說，他很清楚我在等停車位，而他搶走了它。

我該冒著跟他吵架的風險開始大聲抱怨嗎？又或者應該壓下怒火，容忍他的行爲呢？

練習：

如果是你，你會怎麼做呢？

我的反應：

我下了車，友善地對那名年輕男子說道：「抱歉打擾你。我已經等這個停車位等了好一段時間，在這之前也打了方向燈，示意我正在等待停車。或許你沒有看見，但你剛剛還從我車子旁邊開過去。我認爲，身爲汽車駕駛人，我們應該公平地對待彼此。能請你好心地將停車位還給我嗎？」

他的臉上有幾秒鐘露出不悅的神情。我可以預見自己不可避免地要捲入一場醜陋的唇槍舌戰；說不定這位老兄會直接掄起拳頭毒打我一頓？但出乎意料的，這名男子收斂起氣焰，好聲好氣地說：「喔，那我一定是沒看到你。我剛剛眼裡只有停車位。當然，如果是這樣，我把車開出來。」

回顧：

我很開心自己這麼做。

結論：

我就像一名律師，爲自己的需求挺身而出，跟對方辯論。與此同時，我並沒有批評這位年輕的車主，僅是客觀地描述我的觀察與事實。我的闡釋最終是以一個請求爲收尾——坦白說出自己需要的東西，而我最終也得到了它。

善良的陷阱：

當然，有那麼一瞬間，我腦中閃過這樣的想法：乾脆再等下一個停車位好了。因爲我想像得到，自己的要求說不定會激怒一名反應過度的年輕駕駛。這就是關鍵，當自己遭到不公平對待的時候，善良的人通常會往後退一步，而不是承擔產生爭執的風險。

我學到的教訓：

當我對抗不公平行為時，我並不是那個處在弱勢的人——做出不公平行爲的人，才是弱勢者。

第 2 章

為什麼好人難升遷？

在這一章，你會學到：

☑一個主管如何因為他的好心腸搞到所有人都希望他早點滾蛋？

☑為什麼你的善良好意將讓你得不到應得的薪資？

☑禮貌會如何危害你的職涯？

☑為何你的微笑在職場中只會引來嗜血的鯊魚？

用架拐子打招呼

你曾聽過有人用「人很好」來形容哪個高階經理人嗎？如果眞的有的話，他很快就會被人從窗戶丟出去。一個善良的經理人就像一名沒帶著左輪手槍的西部牛仔，而且他還會常常被人下戰帖、指名單挑，接著在每場言語辯論、談判和階級角力中敗下陣來。那是因為他的對手都是掏槍迅速、槍法精準的人。

如今的市場經濟早就不是舊時代的模樣了，沒有人會顧及社會道德規範，市場規則也已變得殘暴許多。企業之間獅口大開、互相呑食，併購時有所聞；為了將最優秀的員工搶到自己手上，屢屢發動人才爭奪戰。大型製造商削價競爭，導致其他競爭對手只能埋頭吃土，最後倒閉，這種行為當然就是為了搶下更高的市占率。

這種激烈競爭的氣氛與文化，當然也會蔓延到辦公室和廠房。許多公司裡，同事並不將彼此視為夥伴，而是競爭者。經歷過經濟不景氣的人們，更讓辦公室裡這樣的競爭白熱化，使勁爭奪公司內部分配的有限資源。

- 有一家大公司，雇用了兩名業務來做同一份工作，這兩位新人也對彼此職務上的高度重疊感到驚訝。直到某一天，有位女同事說：「那是因爲老闆想測試你們兩個啦。表現比較差的那個，就不會通過試用期。」

- 兩位經理在同一家大型能源企業工作。一直以來，兩人各有自己的祕書，但在不久的將來，他們卻必須共用同一位助理——只是這位助理仍要負責等同於兩名祕書的工作量。
- 有家公司規定，每個部門每年可以按員工人數各有一%的調薪空間，而部門主管有權利決定誰可以得到，以及如何分配。換言之，在一個擁有七名員工的部門裡，若是誰有能力一次得到七個百分點的調薪預算，另外六人就不會加薪。
- 這次參與評鑑的員工共有二十人，但最後能獲得升等的只有兩人。在其中一項分組討論裡，每個人都必須爲自己的立場辯護，並且堅持到最後。

請你想像自己身處上述任何一種情境的樣子。如果要你眞心全意地爲了自己的利益挺身而出，你辦得到嗎？如果你必須捍衛自己加薪的權利，你辦得到嗎？還是你會因爲實在太害怕而選擇退縮，讓別人從你的碗裡搶走你應得的獎勵？不需要花你多少想像力，你就能猜出上述每一項競爭中的贏家會是哪種人：

- 誰會在試用期結束時獲得業務部門的職位？是較善良的那個，還是較有執行力的那個？
- 哪位經理能從唯一的助理那邊得到較多的支援和幫助？是較爲大家著想的那個，還是要求較多的那個？
- 部門裡的哪位員工能得到七%的加薪？是較謙虛的那個，還是較敢於爭取的那個？
- 誰會在評鑑後獲得升遷？是較替別人著想的那個，還是較能表達自我意見的那個？

這種社會達爾文主義讓我生氣，因爲它獎勵人類性格中的弱點，並讓大家聚焦在如何透過嘴上功夫來展現自己的工作成效。我認爲，每家公司都是這個社會中的一個小型機構，它們不僅有義務爲自家公司的成功負責，更有義務爲整個社會的福利負責。但同時我也必須承認，在現今的商業環境中，許多經常獲得讚許的人道價值，例如正義、互助合作及平等對待，就跟瀕臨絕種的物種一樣稀少。

換句話說，在職場上，如果你被大家歸類成「善良」的那群人，儘管聽起來比「不需要認眞看待」好聽一些，但意思其實是一樣的。你的善良好意不會在職場上獲得嘉許，也不會因此加薪升官——畢竟這項條件並不會出現在任何徵人啓事裡；相反的，「執行力」卻是最常出現在徵才廣告的字眼。而且時至今日，就算是一般的實習生，也都被期待具備這樣的軟實力。

善良最常引來的，就是無理、過分的要求：誰最容易在辦公室裡分到討人厭的任務？當然是那個善良又不懂拒絕的員工。老闆在考慮加薪和升遷時，第一個會刪掉誰？當然是那個善良又為人著想的員工，反正這個人最不會吵。誰最常在每日職場上的競爭與角力中失利？當然是那個善良的員工，因為他要不就是刻意迴避，要不就是根本沒察覺到這些競爭。

反之，職場上的肯定與獎勵全都如流水般一股腦地流向那些會大吵大鬧、致力追求職涯發展的自我中心主義者。於是「善良好心」這個原本優雅高尚的人格特質，在現代職場中便慢慢成為了眾人公認的競爭劣勢。

羅伯．葛林在他的經典著作《權力世界的叢林法則》中，便將社會所推崇的禮貌行為指為職場上的缺點。舉例來說，假設你今天在餐廳吃飯，結帳時給了一筆相當慷慨的小費。一位權力熱中者會從中得出什麼樣的訊息呢？他立刻就會注意到你是個強烈仰賴社會認同感的人——換句話說，他只要動動手指，就能輕易擺布你。

羅伯．葛林的著作旨在教導大家如何輕易利用好人。簡單來說，他只要先取得你的信任，例如告訴你幾個關於自己的「祕密」，不論是瞎編的還是超級雞毛蒜皮的。然後，為了表示友好並平衡彼此的關係，你便會告訴他一個關於自己真正的祕密。賓果！你掉入了信任的陷阱裡！接下來他就可以開始勒索你了！

書中毫不誇張地寫道：

「每個人都有一個弱點……一旦你找到這個弱點，只要手指輕輕一彈，這人便隨傳隨到，你就能讓這個人爲你效勞。」

我越來越常在諮詢時看到，許多主管放任爭執在辦公室裡蔓延，卻不願意插手解決；或是發現辦公室裡出現霸凌時，乾脆選擇撇開頭，假裝沒看見。其中一位部門主管這樣解釋：「如果我爲了保護弱勢者而出手制止的話，就等於變相懲罰我部門裡的績效貢獻者。辦公室生態就像大自然一樣：強者會貫徹意志力，生存下去。」

所以說，爲什麼只有極少數善良的人能擠進高階經理人的圈子裡？現在你應該明白箇中原因了！

老闆與造反者

「我能聞到造反的氣息——我覺得我的部屬正想辦法趕我走！」這個戲劇性的句子出自某位部門主管史蒂芬．戴丁格，他這樣跟我描述自己的處境。

他的部屬對他到底有什麼意見？坐在我面前的這個男人，看起來顯然不像暴君型主管：臉上布滿笑紋，嗓音溫柔舒服，感覺就像夏日裡徐徐的微風。他的行為舉止更是令人讚許有加，只要仔細觀察就會發現，他是個相當注重禮儀的人：連續兩次，我們同時打算開口，他都直接說了「抱歉」，然後堅持先讓我說話。

他在諮詢時告訴我，直到幾天前，他都還以為自己一直是位受人愛戴的主管，但事實卻非如此。那天，三名部屬一起敲他辦公室的門，想跟他談談。但接下來，他們連番的詰問卻讓他覺得自己簡直就像被部屬拿槍抵著額頭：「你現在要是不馬上做點什麼決定，我們往後就不會再配合了！」

領頭的人把話講得很明白：「我們受夠了！你從來不表示自己的意見！有人早上遲到，你也不說什麼；有人工作做得一塌糊塗、隨便交差，你也只是輕描淡寫地暗示一下自己的想法。最糟糕的是，你甚至給那些根本不值得讚賞的人獎勵。」

史蒂芬．戴丁格覺得自己一下子從自我感覺良好的雲端跌入凡間。他一直以來都很清楚，他永遠只會給正面的評價，並且只看部屬的優點，而非缺點。他從來不曾想過會因此冒犯其他人，畢竟他這些禮貌的行爲，全都是爲了部屬著想。

他將自己的想法告訴帶頭的人，但對方卻說：「如果你放任其他人常常遲到、不準時來上班，那我們這些準時的人爲什麼要準時呢？如果那些總是隨便交差的人最後還是能得到你的讚美與嘉許，那其他人爲什麼要掏心掏肺努力工作？你最後還是讓綠迪雅．貝可通過了試用期，但你知道這會對其他人造成什麼後果嗎？現在我們所有人都得分擔她的工作！我自己就告訴過你好幾次，她的工作成效並不如你所見，但你卻說『我們總是要給人家一個機會』。我才不這麼覺得，我覺得你只是沒有膽子炒她魷魚而已！」

在高分貝的咆哮聲中，指責一項接一項不停落在史蒂芬身上：

- 「因爲你懶散的領導方式，我們部門在公司裡的名聲變得超級難聽。在董事會面前，其他部門看起來比我們好太多了，所以其他部門同事的薪水也都比我們高得多。」
- 「當我們在小組會議上提出建議時，你總是迴避發表自己的意見或做出任何決定，幾乎每一次都這樣！我們根本不知道你覺得這些建議究竟是好或不好。時間一久，根本沒有人有興趣提出任何改善建議。」

- 「你從不主導會議進行，就算有人已經完全搞混主題也一樣。每次都是因爲這個原因，所以我們開會完全沒有目的、意義，而且時間還拖得特別長。」
- 「只要有人遞假單，你絕對不會多問，揮揮手每張都簽，就連進修申請也一樣，卻完全不管我們根本就沒有足夠的人力去補足那些人的工作。這些多出來的工作，都是靠留下來的人自己咬牙苦撐過來的！」

如果是你，你會願意爲哪一種主管工作：是對所有部屬睜一隻眼閉一隻眼的主管，還是爲所有事情立下清楚規則，並貫徹執行的主管？是會獎勵與鼓勵表現良好的員工，並給予表現不良的部屬批評和指點的主管，還是不分好壞，一律對所有人表示讚賞的主管？是會清楚告知部屬期望和目標是什麼的主管，還是小心翼翼包裝自己的眞實想法，以避免傷害任何人的主管？

相信我，太嚴厲的主管固然讓人討厭，完全不管事的主管也同樣令人痛苦不堪。一位全然好心善良的主管，就像明明站在足球場上，卻永遠不對犯規球員吹哨的裁判一樣——明明吹哨才是對謹守規定的員工友善的行爲，並會讓懶散犯規的人覺得不舒服。如果有人在工作上不守規定，例如總是遲到或工作成果令人不敢恭維，大家會希望這種人受到懲罰。要不然，其他遵守規定並做好分內工作的人，只會覺得自己被騙了。

在球場上，只要裁判放水、不糾舉犯規，犯規的人就會變得更殘暴、更加肆無忌憚；辦公室生態也是如此。遲到五分鐘的人如果這次能蒙混過關，下次就會晚十分鐘才出現，再下一次就會晚二十分鐘出現，最後變成晚半個小時才出現。心理學家保羅．瓦茲拉威克（Paul Watzlawick）的成名作《現實究竟有多現實》（*Wie wirklich ist die Wirklichkeit?*）中就提到，光是一次未收到任何警告的遲到，就已足夠形成這樣的潛規則：「原來遲到沒有關係！」

若主管出於善意而不打算插手處理這件事，那麼這樣的行爲其實並沒有幫到這位受寬待的部屬——不但沒有矯正這位員工的行爲、發揮改正的效果，反而證實了其他人心中的疑惑：做錯事也不會被罰，何必循規蹈矩！這是對所有人都有強烈破壞力的結果。

在諮詢會談裡，史蒂芬這樣爲自己辯護：「你說的沒錯，我的確睜一隻眼閉一隻眼，容許部屬許多不好的行爲。但那是因爲我清楚知道，批評指責對一個人所帶來的負面影響有多大。」

「而你想要保護部屬不受到這樣的責難？」

史蒂芬點點頭，我繼續追問：「那麼當你看到有位部屬在正常上班時間過後才姍姍來遲時，你心裡有什麼感受？」

「我會覺得，他沒有很認真看待我這個主管。但我會冷靜下來並告訴自己：不需要在這種事情上小題大作。」

當部屬提交的工作成果不如預期時，同樣的對話又會在他腦中上演一遍。每次都一樣，腦中會出現一個聲音，告訴他這種行爲是不好的；但同時也會出現另一個聲音，這個聲音會據理力爭、舉出好幾千個理由，說服他應該接受部屬的缺陷，並將自己的批評指責吞進肚子裡。

在會談中，我們一起針對這個現象做了許多討論，了解誰才是他在現實生活中試圖要保護的人：他自己。很顯然，史蒂芬只是害怕和部屬正面衝突而已。事實上，他相當擔心自己會因此被大家討厭、被大家認爲過度嚴厲。事實上，他有個相當嚴厲的父親，這讓他在小時候吃足了苦頭。他試著努力避免變成像父親那樣的過度控制狂，於是反其道而行。確實，他的嘗試成功了，直到這次部屬反彈爲止，他一直是個人緣相當好的人。

經過許多回合的諮詢後，他才慢慢體會到，清楚的規則與富有人性的作爲，這兩者或許是可以相輔相成的。他召集了部門裡的全體員工，如同化身一名裁判般大聲宣布：從今天起，他會鄭重警告違反規定的人。部屬對他這個決定感到開心不已，因爲他們終於盼到了賞罰分明的遊戲規則。

心太軟的後果

我和身爲部門主管的尤根．貝格一起坐在他的辦公室裡，我的身分是薪資談判中的資方指導員。我們聊得相當愉快，談話也相當有啓發性。接著，這位主管不自覺地用食指抵著自己的嘴唇說道：「剛剛是不是有人在敲門？」我們兩個同時豎起耳朵靜靜聆聽。現在我也聽見了：一個非常輕微細小的敲門聲。

「請進！」尤根以堅定有力的嗓音大聲說著。門有點猶疑不定地打開了，一張布滿微笑的臉龐踏進了會議室。貝格向我介紹，這位是莉迪雅．莎婷，還說莉迪雅是他部門中不可多得的一顆「明珠」（Perle）。聽到這個詞，我整個人忍不住縮了一下，畢竟我從來沒聽過有誰會用這個詞彙來形容自己的部屬。

莉迪雅先是以親切的微笑和主管打招呼，向我打招呼時，同樣不改親切的笑容。接著，當她雙眼看著我，並向主管探詢「你還有訪客嗎？我是不是打擾到你們？」時，她仍舊保持著微笑。

「不，沒這回事。」尤根說道。「你一定認識維爾勒先生，他剛好是我們這次的教練。今天他會在現場監督我們整個薪資談判的過程，算是個不出聲的指導員。針對這點，希望你能同意。」

「沒問題，當然沒問題。」她回答。她臉上的笑容還在，並未因此收起親切的態度。

尤根指了指椅子，示意她坐下來。她按照指示坐定位後，隨即拿出一本筆記本和一枝筆放在桌上。她的手肘溫馴地收在身體兩側，雙腿收攏在桌下，腳踝輕輕地交疊在一起，看起來就像急著要去上廁所那樣。

她的主管開始說話：「好的，莎婷小姐，我們今天會議的目的是要談談你的薪水。你希望我從好消息開始說，還是先從壞消息開始？」

她臉上的微笑似乎在短短的一瞬間消失了一下，彷彿善意的火苗突然被澆熄似的。

「從壞消息開始吧，這樣我早點聽完，就能早點消化。」

尤根換上了嚴肅的表情。「好的，如你所願。我必須誠實地告訴你，現在的薪資預算相當嚴峻。你一定也聽到上級董事會所說的經費縮減政策。大幅調薪是不可能的。不過你也在公司待這麼久了，想必相當清楚公司的狀況。」

這時，尤根稍微停頓了一下。莉迪雅看著他，問道：「這就是全部的壞消息嗎？或者還有更糟的在後頭？」她的最後一個尾音微微上揚，並在結束時笑了一下。

「別擔心，這就是全部的壞消息了。現在你一定很想聽好消息。」

「好的，說吧。」她回答——她臉上那抹淡淡的笑意更明顯了。

「我對你今年的工作表現仍然相當滿意。」尤根說道。「你爲這個團隊帶來了相當好的風氣；而且不管面對任何工作或任務，都能毫不遲疑地完成它們。」接著，尤根隨意提了幾件工作上的任務（都是莉迪雅完美成功解決的項目）以表示讚許。

當尤根說完，莉迪雅開懷地笑著說：「謝謝你！我很開心能聽到你對我工作成果的肯定；畢竟你每天要處理的事情這麼多。」

「這是理所當然的，我當然有注意到你的工作成效。」尤根回答。「好了，現在不論薪資預算是高是低，你今年可以獲得三％的加薪。」

她臉上的笑容再次消失了一下。莉迪雅低下頭，盯著桌子，接著她抬起頭說道：「很謝謝你願意給我這樣的加薪幅度。只是，我其實……」她稍微停頓，搜尋著正確的詞彙。「是這樣的，其實去年我們就已經談過了，當時已經答應今年應該會給我至少七％的調薪。」說出「應該」兩個字時，她的聲調微微升高了些，聽起來彷彿是個問句，也有些不太確定。

「我知道，我知道。」尤根繼續說道。「但是當時和現在的經濟狀況已經不同。相信我，我完全是一番好意。我應該做些什麼呢？在我的位置上，我沒辦法給出比董事會批准的還要多的預算。還是你想說，你覺得我在唬弄你？」

莉迪雅用力揮舞著手臂，彷彿想盡力把這股猜疑的氣氛從會議室趕出去一樣。「當然不是這樣，我絕不會這樣誤會你。我知道公司現在正在節約開支，但三％實在……」現在，她的聲音聽起來更微弱了，像是在自言自語。她看了看天花板：「三％總比什麼都沒有來得好，這也是正確的。我知道我應該相當感激，但這和我想像中有一段差距。」她嘴角泛起一抹猶疑的微笑。莉迪雅深吸了一口氣，可以看得出來，她很努力想說服自己。接著，她稍微提高了音量：「所以我本來想問一下，是不是還有其他原因，讓我無法得到更高的調薪？」

尤根歪著頭思考了一下，接著擺出一副沮喪的表情。「莎婷小姐，我們已經認識彼此很久了，我想我直接告訴你實話好了。我們今年分到的預算相當少，而且還要分給整個部門所有的員工。如果我在這裡答應多給你一分錢，就必須額外從你同事的口袋裡多挖一分錢出來。你眞的想要我這樣做嗎？」

「不，我沒有。」她立刻脫口而出。「我的同事們值得每一分增加的薪水，畢竟每一個人都對部門的成功做出了貢獻。」

尤根點點頭。「我非常感謝你這樣的想法：你不只關心自己，而是爲整個團體著想。我答應你，只要薪資預算上有任何餘裕，你絕對會是第一個得到大幅調薪的人。」

接著雙方互相禮貌地寒暄了幾句。莉迪雅感謝主管「公平、開誠布公的談話」，然後便離開了會議室，就如同她先前進來時一樣：靜悄悄、輕聲細語、刻意不引起任何注意，並且非常善良。

得不到期望薪資的原因

在談判桌上，擁有執行力的人經常能輕易牽著善良好人的鼻子走。這些人強烈的意志色彩足以完全蓋過談判桌上其他人原本的意見，簡直就像是在活生生地實踐《保持最佳狀態》（*Einmal o.k., immer o.k.*）一書的名言：**「我希望你去做你想做的事，但我希望你渴望我所渴望的。」**

莉迪雅在她的薪資談判會議裡到底做錯了什麼事？她獨特的善良個性對這場談判究竟有多大的害處？她在哪些地方低估了自己的價值？最後，讓我們誠實地說吧：你是否也犯過和她一樣的錯呢？

如果莉迪雅是我的客戶，我會這樣說：

打從會議一開始，我對你就有這樣的印象：你一點也不想爲自己和工作上的績效大聲宣揚！你得搞清楚，這兩件事正是薪資談判的核心所在——你必須用力為自己發聲。你進入會議室前的敲門聲微弱到幾乎沒人聽見——進來會議室的是一隻老鼠，而不是一隻來談判的老虎。此外，你是否注意到自己在整個談判過程中始終帶著微笑？這簡直就像在傳遞一個訊息：「不需要認眞看待我的意見！」這個充滿不安全感的訊號完全削弱了你的立足點，使得主管也同樣能感受到你的猶豫不決。

在會議室裡，你似乎試著不要占用任何桌上空間，就連你的肢體語言也同樣小心謹愼，不想造成過多噪音。但相反的，你主管的文件敞開、散落在他面前的桌子上；他兩腳開開，穩當當地坐在談判桌旁。你主管的所有姿勢在在顯示出他占有優先地位、擁有主導權，而且非常開誠布公；至於你，則顯出相當畏懼的樣子與很強的防衛性。

在談判會議中，你要求先聽壞消息。這究竟是為什麼？以一個好消息為會議開場，能大大增加你加薪的機會，還能讓你在接下來的會談中做為槓桿使用，這就是心理學中所謂的「初始效應」（意指最先出現的訊息或刺激較容易被保留）。但你沒這麼做，反而讓主管從壞消息先開始說，也就是薪資預算相當拮据，立刻就讓自己的氣勢往下跌。

在聽完之後，你的問題是「這就是『全部』的壞消息嗎」，完全顯露出你的恐懼，一副你很慶幸主管沒準備更多噩耗給你似的。你根本不該這樣問。相反的，你該說的是：「正是在這種預算捉襟見肘的時刻裡，才更應該獎勵我這樣能為公司帶來貢獻的人。舉例來說，我去年就爲部門帶進額外的收入……」

另外，你還眞的對主管用來搪塞你的藉口完全買單。董事會沒批准更多的薪資預算？你眞的太天眞了。只要有心幫你加薪，主管一定能幫你找出加薪的方法。

你的主管很大方地讚美你的工作績效，你也謙虛地向他道謝——根據我當時的觀察，你道謝的次數未免太多，而且太缺乏自我價值意識。你道謝的姿態讓他順理成章地變成了「恩人」，好像對你而言，光是他觀察到你在部門裡的貢獻就已經是天大的恩惠似的（「這是理所當然的，我當然有注意到你的工作成效」）。接著，他還能順勢繼續賣這個人情，告訴你三％的些許加薪已經是非常了不起的賞賜了（「現在不論薪資預算是高是低」）。

這個結果和你的預期天差地遠。但你接下來追問的方式卻顯得心有餘而力不足。要知道，當談判桌上出現一個不好的薪資提議時，並不代表談判就此結束，反而才正要開始。

你覺得面對主管，並清楚明白、據理力爭地與他抗衡是很難的事嗎？正是因爲如此，所以你字字句句都採取低姿態嗎？你不敢對主管說：「我們去年已經談過了，今年我至少會得到七個百分點的調薪。」取而代之的，你卻說：「其實去年我們就已經談過了……」這樣的理由完全沒有說服力道。

你的主管一而再、再而三地在談判會議裡緊抓著你的善良不放，還穿插動之以情的伎倆來威脅你。其中一次，他還讓你贊同他完全是好意，絕不是在虛張聲勢。你完全不該這麼做，相反的，你可以這樣回答：「如果你真的好意為我著想，那就證明給我看：請給我七個百分點的調薪，就如我們一年前同意的那樣。」

我認為有一點值得讚揚的，是直到最後，你仍想試著繼續談判，看看能否將三個百分點再往上挪動一些。但是千不該萬不該，你接下來竟然稱讚了這微幅的調薪（「三%總比什麼都沒有來得好」）。而且當你提到調薪幅度和想像中「有一段差距」時，你該知道這句話聽在主管耳裡完全會變成另一個意思：「這個調薪幅度已經跟我想要的差不多了，我會接受它！」

接下來，你怯生生地追問：「所以我本來想問一下，是不是還有其他原因，讓我無法得到更高的調薪？」你「本來想問」？還是你現在仍然想問？你覺得自己應該能得到「更多」調薪（如果是，具體來說是多少）？還是你覺得只要多一點點就好？

最後，你的主管更動之以情，直接來個情緒勒索，說得一副好像幫你加薪就是在造成其他同事的負擔似的。說實在的，你根本不該讓他這麼說，而且你聽完後還自己對號入座。在整個薪資談判中，全部的重心就只有你的薪水，不是其他同事的，他們根本不該被一起考慮進來。除此之外，只要你們其中一個人退讓，讓自己得到比期望中更糟的薪資，整體薪資的量尺就會被往下拉——你的退讓才不會成為眾人的福祉，你反而是害群之馬。

整體來說，在薪資談判的過程中，你應該清楚表達自己的意見，把核心訊息傳遞出去：「我們去年就已經談好了，今年要調薪七%。現在你只願意給我三%，連一半都不到？我不同意這樣的更動！」這樣畫出重點對你才有利，告訴主管你很認眞地看待加薪的訴求。我敢打賭，主管要是聽到你這樣說，一定會做出一點妥協，至少能讓你的心願多少從自己的嗓子反映出來；畢竟聲音是最能彰顯出一個人意志的管道。但你和主管談判時，聲音簡直微弱到跟自言自語沒兩樣。

最後，你到底為什麼還要向主管道謝，並讚賞這是場「公平、開誠布公的談話」？它一點也不公平，而且你的善良個性徒然讓你在談判桌上兵敗如山倒，被主管牽著鼻子走。

為何平白無故惹來大白鯊？

如果有個人，沒事把臉靠你很近，你認為這人究竟想幹什麼？是想親吻你？還是想給你一記頭槌？答案是兩種都有可能，得視情況而定；要看對方是個喜歡你的人，或是一個攻擊性超強的人。

相同的行爲可能有兩種完全相反的意涵，同樣的道理也適用於你那些善良的舉止。有時別人會覺得你的行爲得宜，但有時也會覺得你相當危險並另有居心，這得視情況而定。以下舉一些鮮明的例子：

- 如果你對著戀人微笑，對方會感到被你珍惜與喜愛。但要是你在薪資談判時對主管做同樣的事，他只會認爲：「瞧瞧，又是一個沒信心的傢伙，等一下的談判輕輕鬆鬆就能把他打趴！」
- 如果你在親戚面前對自己的功勞和成就表現出謙虛的態度，對方也許會認爲你善解人意又親和。但要是你在求職面試時做一樣的事，只會讓面試官認爲：「他要不就是個沒什麼實力的人，要不就是個沒什麼自信的人。」
- 如果你在家族會議上妥協讓步，大家會認爲你富有同理心，且願意爲共同利益妥協。但要是你在薪資談判時做出同樣的事，就會如我們的莎婷小姐一樣，讓談判對手輕易贏得勝利。

善良之於商業生態，就如同鮮血之於大白鯊，只會激起貪婪嗜血的欲望，並引來一場（言語上的）大屠殺。在今日如此崇尚競爭的社會體系裡，一方所獲得的好處，對另一方來說往往就是壞處：

- 主管在薪資談判中省下來的每一分錢，對他而言都是有好處的，但對你來說不是。
- 同事努力爭取來的每一項工作，對他而言都是有好處的，但你很顯然就永遠喪失這個機會。
- 客戶從你那裡爭取來的每一項優惠，對他而言都是有好處的，但對你而言，成交的利潤就這樣降低了。

善良的舉動經常被認爲是示弱的行爲，禮貌合宜的舉止也常被解讀成猶豫不決的象徵，靈活的外交手腕更被視爲柔軟順從的妥協。但你到底釋放出哪些訊號，才引來了嗜血的大白鯊？在職場上和生活中，究竟有哪些行爲應該趕快戒掉，周遭的人才會認眞看待你？以下列出善良好人最常釋放出的八大示弱訊號：

一、在嚴肅正經的主題上微笑

生物學上指出，露出自己的牙齒，是猿猴表示服從的肢體訊號。這時，露齒的猿猴會從雙方的戰鬥中退出，並交出手上的武器。一個人所說的話雖會先由大腦理性過濾後再傳達出來，但身體傳遞出的語言卻是無法控制的；換句話說，肢體語言和面部表情中，只有特定的少許部分能刻意操縱。這就是爲什麼善良好人遇到壞事時（例如遭到反駁），常會不自覺露出微笑。像這樣同時含有兩個對立意涵的訊息，就稱爲雙束訊息（Double Bind）——試圖刻意混淆釋放出來的訊號，就跟開車時同時踩著煞車和油門一樣奇怪。

至於談話對方會如何解讀你的行爲呢？你覺得對方會因此害怕、認爲你仍堅持要求調薪嗎？會因此認眞地看待你的意見嗎？不，完全不會，他只會認爲你莫名其妙的微笑不過是個示弱的訊號罷了，他會認爲你在傳達「投降」的意思。

因此，你必須有意識地控制自己要在什麼情況下微笑。這一點非常重要，唯有你清楚自己的臉部表情會在何時做出何種反應，你才能適時駕馭它。

我認爲微笑可以分成三大類：

- **勝利者的微笑：**有意識地爲自己開心。例如在工作上達成了一定的績效，或是對目前的生活感到相當滿意，又或是某場談判如你所預期的相當順利。這種微笑是對你有利的，傳達出你的成功與自信。許多經理人甚至會刻意誇大這樣的笑容。
- **表達親切的微笑：**展現出自己的親切感。例如遇見一位相當信任的友人，或是在公園看著小朋友玩耍，又或是感謝某人幫了你一個大忙。這種親切的微笑同樣會爲你帶來好處，也就是讓對方用親切做爲回報。它能營造出一種通情達禮的氣氛，並化解空氣中的不信任感。

- **屈服的微笑：**爲了緩和氣氛。例如主管在多人參與的大型會議中對你做出不公平的評價。但你並未起身來反抗這樣的評語，而是選擇了微笑。這種微笑爲你帶來雙束效應，也讓你面對雙重風險：首先，其他與會者一接收到這個微笑的訊息，便立刻明瞭將來可以利用你。其次，你的感受裡外不一致；換句話說，你既沒有表達出自己的感受，也沒有感受到你表現出來的那種樣子。長此以往，這樣的行爲會逐漸侵蝕你的自尊，你的獨特性也將與日遞減。

那麼該怎麼做，才能成功控制微笑的強度呢？舉例來說，你可以請一位信任的友人，在你做出不情願的微笑時，以特定的訊號提醒你。大多數人在實際嘗試後，都會對自己究竟有多常做出違心的微笑感到驚訝。了解自己的習慣後，就能幫助你改正過來，並更加專注，最終得到與心境一致的表情。同樣的，在你進行重要會議前，也可以思考一下該露出什麼表情，才是最合乎這個情境的。請在鏡子前先練習看看，了解什麼表情才最符合你心中眞正的感受。

現在你是否在想：我這樣努力練習表情，是要變得樣演藝人員那樣厲害嗎？事實正好相反。你的練習是爲了糾正失敗的演技，也就是那抹不該出現在臉上的微笑，並以一個更能展現出你心境、情緒的表情來取代它。

二、頻繁道謝

你是否和我一樣？要是遇到有人不知感恩，或從不開口說「謝謝」，馬上就會備感冒犯？心存感激是一種美德，它能讓人際關係更加和諧、讓社會互動更文明，並提升人類整體生活的品質。實驗證實，心存感謝的人不但更長壽，也較不容易罹患憂鬱症。

這麼一說，感謝似乎跟仙丹妙藥一樣有效；但過度使用，卻會讓它成爲毒藥。自以爲是的人往往吝於對他人表示謝意；但另一方面，善良且爲人著想的人卻常常處於光譜的另一個極端：給予身邊的人大量、無窮無盡的感謝。以下是我在諮詢中常見的例子：

- 一位求職者在面試中，不斷對自己能收到面試邀請表示感謝。她反覆提到自己有多高興「能得到一個機會，即使這個職位一定有超過一百位以上應徵者」。但事實上，一句簡單「謝謝」就足以表達禮貌，簡潔的對答也能成爲優點之一。相反的，一連串的道謝只會讓人不得不起疑：她是否認爲自己不值得收到邀請？除此之外，「得到機會」聽起來就像獲得他人施捨般，聽起來毫無自信，這讓她立刻落入一個無可挽回的深淵。

- 一名員工三番兩次因同事在某個專案上的大力協助表達感謝。但事實上，當事人在幾週前也曾幫助過對方，只是對方當時並未說什麼感激的話而已。這個一直被感謝的人得到一個結論：自己幫的忙可是比當初從對方身上獲得的幫助大得多，對方一定還欠他什麼。他若有機會接下任何大型專案，他絕對會毫不遲疑地走向這位不斷跟自己道謝的同事，並要求幫忙，好討回對方欠自己的人情。
- 一位外勤人員多次對客戶道謝，因爲他在計算時犯了一個小錯，導致算錯了總金額。他反覆表達謝意，卻反而讓客戶更覺得這是個過分的錯誤，並開始在心裡盤算：「我該要求對方賠償什麼才好？」下一回，當這位客戶再次下單時，有很大的可能性會要求對方提供不合理的價格優惠。

千萬不要過度誇大自己的感激！我了解你們這些善良的人，你們會爲了一些小事，用言語說出令人深深感動的謝詞；會不停重複並強調自己的感激之情，直到對方受寵若驚地以爲自己是個大恩人才停止，即使對方不過是舉手之勞。

我知道，你想說：「過度道謝，總比失禮至極地一句話都不說好多了吧？」是的，對粗俗無禮的流氓而言，我寧願他們學會一點禮貌，但善良的人們卻往往低估了自己的禮貌程度。身爲一個善良好人，當你認爲自己還不夠清楚表達感激時，實際上這個感謝的程度已經很夠了。

要知道，收到感謝的人，會用自己心中的一把尺來丈量你的謝意。如果他不是那種會常常把「謝謝」掛在嘴邊的人，那麼他也不會期待其他人需要這麼頻繁道謝。換句話說，如果你的主管不過是按規定批准了你的假單，那麼一句簡短的「謝謝」就夠了，你不需要因此寫出長篇致謝詞。

每篇精心撰寫的謝詞都是送給周遭人們的一份禮物。禮物之所以珍貴，是因爲你只會在特別的情況下送出。當你不那麼常道謝時，感謝的價值才會隨之提高。

三、欠缺必要的堅定意志

請你想像一下，足球場上的一位前鋒正全速往對方球門衝刺。但是當第一個防守者出現時，這位前鋒居然停下來站住不動，腳邊的球當然立刻被對方抄走。之後這位前鋒竟然還說：「我也許閃得過去，但我不想要計謀欺騙他，讓他在全場觀眾面前顯得愚蠢。」

這個例子聽起來超怪的對吧，但在我們的日常生活中，卻經常上演類似的戲碼：只要一有人現身阻止，只要一有任何反抗的力量，只要有可能發生衝突，善良的人就經常讓自己的計畫硬生生地停下來。在我的諮詢經驗中，經常可見這樣的例子：

- 一位善良的食品化學研究人員想在會議中為大家介紹一項新的製程。他認為，這項新製程可以取代目前的舊製程。然而在會議中，當一位同事批評新製程「風險太大且未經實驗證實」時，這位善良的研究人員卻用不堅定的方式敷衍回答，只因為他不想在群體中引起任何紛爭。
- 一名工人因為家人下禮拜要來拜訪的緣故，早就打定主意下週絕不輪夜班。此外，她早就發現自己值夜班的頻率遠比其他同事更高。但現在沒有任何一位同事願意填這個空出來的班表，結果她只好把自己的打算吞回去。
- 一名業務幾乎每年都在展延自己沒休完的年假，目前已累積高達二十一天。他下定決心，今年要把所有年假休完，並把它們安排成長達四週的度假計畫。沒想到排休時老闆卻說：「我們也得考慮其他人的感受。」雖說沒有其他同事像他一樣，累積了許多不斷展延的年假，但他依舊默默收回了自己的四週長假計畫。

每一次，每一次，善良的人都自願讓對方把球從自己腳邊鏟走，因爲好人兩個結果都想要：既想滿足自己的需求，又不想傷害別人。要是兩者有所牴觸，好人就自動縮回去。於是他整個人生就像前面足球賽的例子一樣：對手的比賽總是精采無比。只有對抗衝突，一個人的實力才會成長。只要善良好人能再多堅持一點，長久下來，就能累積巨大的改變。在足球場上，需要使出精湛球技閃避的對手越多，最後成功射門的喜悅就越大。

四、批評自己的想法

在我還是個記者的時候，我學到一個教訓：用最猛的力道寫下新聞稿的頭幾句話，然後繼續往上爬！

同樣的道理也可應用在說話上：一個在臺上講話的人，若不能在開場的前幾句話就抓住聽眾的注意力，接下來就只能面對一群失去興趣的聽衆。同樣的情況也經常發生在善良好人身上：他們會預先否定自己的意見。我在近期的諮詢會談中，把來訪者開場所說的句子記了下來，各位是否覺得似曾相似？

- 「這聽起來或許是個很蠢的主意，但我剛剛想了一下……」

- 「這聽起來或許很老套，但是我還是……」
- 「我不太確定這是否適合我們現在討論的主題，但我剛剛想到……」
- 「我知道我們剛剛已經討論過這一點，只是我……」
- 「我想，我現在要說的，大家一定已經聽過了，但是……」

首先，過度的謙虛聽在所有人耳裡都會讓人不好受。哈佛商學院曾藉由實驗來證實這點：說話時，先自我批評的人，即便他的確有什麼出色的能力，仍會讓聽者感到不悅。

其次，請問誰有興趣聽一個「很蠢的意見」？誰願意花時間聽什麼老套或已經聽過的意見？每個人都一樣，想聽的都是最新鮮、最刺激的想法。這正是諷刺之處：說出這樣令人沮喪的開場白之後，這些善良好人確實能提出一些相當新鮮有趣的點子。只不過，現場還有誰在聽？這些善良好人的想法要不就是被忽略，要不就是被別人整碗端走。用不了多久，其他人便會將這個靈光一閃的好點子當成自己的東西，拿到其他地方兜售；至於那些對善良好人的創意毫無反應的人們，這下子可是全神貫注、聽得津津有味，最後還報以極爲熱烈的掌聲。

看清楚了嗎？重點不在於你說了什麼，而是你如何說；至於開場白，則決定了整段發言的基調。擅長自我推銷的人，會這樣陳述自己的意見：

- 「我有個主意，可以讓我們一次解決兩個問題……」
- 「我相信，直到現在，我們仍忽略了一個相當重要的觀點……」
- 「剛剛我腦海裡浮現了一個想法，它能讓我們的進度大幅推進……」

你的點子讓人垂涎欲滴嗎？你的論點讓人意猶未盡嗎？如果是，你爲何還要自我設限、自我批評呢？

我最常聽到的典型例子是這樣的：「我覺得要宣布一項重大的成就很令人尷尬。」最常聽見的擔憂則是：「我不想把自己的想法介紹得好像比別人好很多的樣子。」

善良好人的謙虛通常來自兩個原因：自我懷疑和體貼顧慮。但那些總是以老套意見主導整個會議、卻從來不反省自己有多老套的人呢？他們的自我懷疑跑哪裡去了？

我打賭你一定會用高標準要求自己。但事實上，只要你試著說服自己「我的想法與意見獨樹一幟」，只要你把握原則、用最精采的開場來進行說明，說服別人就會變得越來越容易。

五、貶低自己

當主管對你說「表現眞是優秀，謝謝你」時，你能眞心且喜悅地收下這個讚美嗎？或是你總覺得被別人稱讚是件很難爲情的事情，尤其是當著衆人面前？你有沒有可能用「別這樣說，這不是什麼了不起的事」或「我只是做了分內工作而已」來否定主管的讚美？更甚者，你會說出「其實我覺得還好，眞的沒有你說的那麼優秀，只是有些地方比較幸運、做得比較好而已，而且還有……」之類的話？

當我問這些善良好人爲什麼會做出這樣的反應時，總是會聽到：

- 「只要我被當衆褒獎，就會覺得全身上下都很不舒服；畢竟我又不是那種喜歡自誇炫耀的人。」
- 「因爲我不想讓同事顯得難堪；他們也很努力工作。」
- 「我只是想腳踏實地一點。我不喜歡別人吹捧我。」

但你可曾想過：不斷拒絕別人的讚美，會帶來什麼後果？事實上，你正在冒一個很大的風險。久而久之，你的主管會開始認眞思考，他對你的讚美是否眞的太誇大了。原本只存在於你內心的自我懷疑，接著便會以這種模式慢慢侵蝕你的外在表現。對你而言，最大的壞處莫過於在剛好不久後就要登場的薪資與升遷會談敗下陣來。

以下的反應是比較聰明的做法：真心接受正面的評語、好好享受這片刻的榮耀、大方表現出自己的喜悅——並謝謝你的主管。

在奧麗薇亞．福克斯．卡本尼的成名著作《魅力學：無往不利的自我經營術》中，詳細介紹她的一位朋友如何在谷歌總部的走廊上巧遇美國前總統柯林頓。這位朋友驚喜到幾乎說不出話來，但他仍舊說道：「嗯，謝謝你爲這個國家所做的一切。」

柯林頓的反應更是一絕：「他停頓了一秒鐘，露出若有所思的樣子，好像還沒對這個讚美反應過來的樣子。接著，他似乎欣然接受了它，彷彿那是他聽過最衷心的讚美。他的肩膀鬆了下來，露出一個超大『喔，你過獎了』的笑容，並用一種看到偶像的表情——一副我才是總統的樣子——開口說道：『喔，這是我的榮幸。』」

這個例子要指出的，是你可以像柯林頓一樣，用謙虛的方式來接受讚美。當時與柯林頓搭話的人之所以能留下如此深刻的印象，是因爲他明顯能感受到自己對這位前總統的讚美，確實傳到了對方心裡。換句話說，拒絕加諸在自己身上讚美的人，都是在不必要地貶低自己，而且也無端讓給予讚美的人受到打擊。

六、引發的反彈力道太小

還記得在薪資談判裡，莎婷小姐如何回應主管提供的微薄加薪提議嗎？莎婷小姐回答「謝謝」，而且只敢小心翼翼地提出一點點意見。善良好人憎恨引發反彈。他們盡力避免公開表現自己的失望，也不想讓談判的另一方覺得自己被捲進一個不舒服的情境裡。

但你可曾經想過，爲什麼你得遷就談判對象，好讓他能一直處在舒服的狀態裡？舉例來說，有這麼一個人，晚上睡覺時爬上了舒服柔軟的床，並鑽進溫暖的棉被裡。他睡得這麼舒服，如果沒有任何緊急情況，是不會起來的。但只要房子裡的消防警報鈴聲大作，保證他馬上從床上跳起來——懂得敲響這個警鈴，並能清楚指出自己需求有多緊急的人，通常可以在談判桌上得到更多東西。

我就認識這樣一位經驗老道的工會成員，總是在談判桌上無往不利的他，是這樣進行磋商的：只要資方一提出準備好的方案，他就會露出受到驚嚇、看起來像是剛剛才挨過罵似的表情。有時他會刻意用力摀住嘴巴，用一副不可置信的模樣搖著頭；又或是像運動員擲出沉重鉛球後那樣，深深地從肺腑嘆出一口長氣。他還會用力睜大雙眼，彷彿無法相信自己剛剛聽到什麼的樣子。

他所有的肢體語言都只爲了傳達一個訊號：「這個方案簡直爛到嚇呆我了！方案的內

容和我的期望值相差不只十萬八千里，差距大到我們根本不用浪費時間談判。」

現在我要告訴你一件沒人會相信的事：在十次勞資談判裡，有八次他連一句話都不用說，就獲得了想要的結果——資方受不了他的反應，直接提出更好的方案。他讓資方主動推翻了原先的計畫，形成資方自己和自己談判的情況。

當然，這位工會成員必須忍得住，他知道自己的反應會立刻讓對方良心不安；而他也深信，實際談判時，一開始攤上桌的方案十之八九都是爛貨，他不過是透過肢體語言，將實際上看到方案時那相當糟糕的感受展示出來而已。

他使用的方法，在談判心理學中確有其名：「flinch」，也就是「大驚小怪」的意思。基本上，熟稔談判技巧的專家們對於攤上桌面的第一個方案，大多會表現出驚訝的樣子，不論數字有多誘人。專家們認爲（通常也是正確的），第一個提出來的方案通常只使用了部分斡旋空間而已——這意味著我們還能把數字往上加許多。

第二個談判技巧稱爲「crunch」，意爲「緊縮」。這是指你必須以有力、簡短的句子來回絕對方的提案：「這太少了。我沒辦法接受。」沒有意外的話，這樣簡短清楚地表明立場，多半會惹得談判對手勃然大怒——他要不就會讓步，並丟出一個比較好的方案；或者乾脆就此宣布談判破裂。

令人驚訝的是，前面提到的這位工會成員不止會簡短明白地拒絕對方，甚至還會明顯地撇起嘴以表示不滿。和這等反應相比起來，那些善良好人常用的半吊子抗議（「其實我原本期待能再提高一點」），其效果完全不能相提並論。

善良好人傾向於避免任何衝突與權力鬥爭。然而一個不願意跨進角力圈的人，等於是未戰先投降！根據慕尼黑大學的研究顯示，女性尤其容易陷入這種「善良陷阱」。在職場上，女性容易被低估，也總是被歸類爲不具貫徹力和執行力的人，就連在以女性爲主的產業裡（例如公關領域），升任高階主管的比例也經常比男性低。

但你該如何爲自己的利益辯護呢？首先，你必須清楚理解，一個公平的結果對雙方來說都有莫大的好處。當你不爲自己的利益把關、勉強接受一個爛透了的方案時，你同時也給了談判對手一項錯誤的安全訊息。例如，你的主管可能以爲你對這個幅度微小的調薪方案已經相當滿意，但事實上你卻開始偷偷找尋願意給你更多薪水的公司。

願意誠實說出自己想要什麼的人，同時也會是個忠於其行爲的人：他至少會給對方一個機會滿足自己的要求。

七、忽略自己的感受

我認識一位很有愛心的售貨員艾維拉．佛朗，她利用私人時間組織了一個慈善團體，專門提供窮困人們生活用品與食物。爲了這個團體，她走遍當地所有超市，和老闆們斡旋談判，還說服地方上的政治人物加入她的談判團隊。她以清楚的立場和堅定不移的決心表達自己的需求。

艾維拉．佛朗就像一位代表窮人的律師，強大又好勝；然而一談到自己的利益，她卻支支吾吾、說明得相當糟糕。她是這樣說的：「對我而言，幫別人出聲很簡單，我立刻就能找到正確的著力點。但如果我要替自己說些什麼，我反而常常覺得站不住腳，每次都把怒火往肚子裡吞，不然我會覺得自己太自大高傲了。」

這便是許多善良好人的窘境：幫別人出聲吶喊，他們很行；但是幫自己說話卻做不到。一提到要爲自己發聲，這些人就立刻戴上童年習得的鐵鏈：做人要謙虛！不要那麼自以爲是！不要一直站在鎂光燈下！

在職場上，艾維拉．佛朗一直無法拒絕加班的要求，而她的薪水長年來也始終原地踏步；和同事比起來，她的工作量也明顯多很多。她總是那個每天最晚離開公司、最後一個把店門拉上的人。當然，一起在店裡工作的所有人都相當感謝她的辛勞奉獻，每次都在口頭上讚美她：「把店交給你，眞是讓人百分之百放心。」

雖然她不時處於過勞邊緣（這也是她爲什麼來找我諮詢的原因），但聽完她的故事後，我心裡默默浮現一幅畫面，並這樣告訴她：「每當飛機要起飛之前，空服員總是不厭其煩地一再重複：在緊急情況下，請務必先戴好自己的氧氣面罩，等到確實可以呼吸到氧氣後，再去幫助孩童或旁邊的人。我現在可以感受到，你連自己都還沒得到足夠的氧氣，就已經去幫忙別人了。」

她思索著我的話，並回答：「你的意思是，如果我倒下了，那些來我這裡領取生活用品和食物的人們，就不能再從我這裡得到幫助了？」

正是如此！只有時時注意到自己的需求、並先能照顧好自己的人，才有足夠的力氣去照顧別人。把自己擺在第一位未必總是那麼自大張狂，而是對大家都有益的事情，就如同《聖經》所說的「愛人如己」。

在諮詢會談中，我重新訓練艾維拉建立新的信念（參見第4章）。現在只要她必須開口爲自己爭取些什麼，她便會這樣想：「我要先戴上自己的氧氣罩，這樣才是對的。這不只是爲了我自己好，也是爲別人好；只有這樣，我才能繼續幫助別人。」透過這樣的信念，艾維拉延伸出一股爲自己發聲的力量，就如同以往她爲別人發聲一樣強大。而這項轉變最大的成效，便是爲自己爭取一一％的加薪。

八、從困難的處境中逃跑

你是否也發現，莎婷小姐在薪資談判中很快就被主管敷衍過去了？與其反駁主管提出來的論點，她選擇全然接受並很快退讓。是什麼原因讓莎婷小姐這麼軟弱？這是因爲她完全無法忍受緊張的情境，不論是在有衝突的場合、談判的場合裡或面對批評。

在晦暗不明的遠古時期，人類的大腦內建了三種自然反應，這三種反應至今仍存在於我們的大腦裡，並正常運作；換言之，我們的反應就跟原始人看到劍齒虎從草叢裡跳出來時一模一樣，未曾改變。

- 反應一：與威脅者正面對決，並主動尋找戰鬥機會。
- 反應二：死盯著對方，期待威脅者放棄攻擊，轉身離去。
- 反應三：拔腿就跑，並期望能離威脅者越遠越好。

第一種反應意味著莎婷小姐會用力給主管一記頭槌，對自己應得的加薪額度堅持到底，並以反方論點據理力爭，和主管正面對抗。不過話說回來，堅持開戰的人，也會有打輸的可能。這也就是爲什麼莎婷小姐覺得這風險很高，看起來又很自大狂妄的原因——她畢竟是拿人薪水、要來幫主管解決問題的，而不是給主管找麻煩的。

在潛意識作用下，她選擇了第二種反應：死盯著對方。面對主管所提供的方案，她採取幾乎不抗拒也不進攻的態度，看起來就像正面對著一隻危險的肉食性動物，一旦她做出任何反抗行為，就會更挑釁牠，讓牠變得更具攻擊性、更危險。「拜託千萬不要冒『互相攻擊』的險！」不過看起來，她已經身處戰場上了。

最後連第三種反應也派上了用場。顯而易見的，莎婷小姐最後深吸的那一口氣，連在場的我和她主管都能清楚聽見；再深吸一口氣之後，她便飛也似地從會議室逃跑了。讓她眞正感到鬆了口氣的，不是這個期待已久的談判協商結果，反而是談判終於結束的事實。她快速逃出獅群盤踞的洞穴，長長地吁了一口氣、伸展一下四肢——終於又回到了安全的區域了。

將人帶進一個有壓力的情境裡，並盡量讓他們感到不舒服，接著他們就會答應並接受你開出來的所有條件，即便一開始這些條件完全不在考量之中。這正是莎婷小姐的主管所採取的談判模式：先讓她良心不安，上演一齣「公司口袋空空沒錢加薪」的戲碼，再端出微薄得可憐的加薪方案來威脅她，直到她同意為止。

有多少次，你參與一場不舒服的會議，最後不情願地答應了條件，只為了讓大家都好過些？有多少次，你在面對衝突時退讓，只為了息事寧人、好從戰爭中逃脫？有多少次，你在詢價即將結束前，又讓其他人說服你接受多餘的條件，只是因爲別人威脅你，並讓你感到不舒服？

你必須察覺自己自然的逃脫反應，才能有意識地選擇以其他行爲來回應，並且在賬單上給剝削者好好記上一筆。你必須這樣做，因爲堅持開戰的人有可能打輸，但是不開戰的人，未打就已經先輸了。

檢測你是否「人太好」 我明明不想喝咖啡！

情境：

故事發生在一九八八年，那年我十八歲，而那天也是相當特別的一天：曾因希特勒政權流亡海外的知名作家——弗雷德里克．尼爾森（Frederic W. Nielsen）邀我去見他，顯然我那封出色的讀者投書讓他留下深刻的印象，讓他想見見我這個年輕的寫作者。早在一九三三年，他就大膽指出希特勒會成爲替全世界帶來災難的人，後來他逃亡到布拉格，並毫不畏懼地繼續發表對納粹的強烈批評；抨擊力道之大，讓他在當時成爲蓋世太保通緝名單上第七名的人物。能被這樣的一位作家邀請會面，對我而言是莫大的殊榮。

他與妻子熱情地招待我。「你要喝什麼咖啡呢？」尼爾森太太親切地問著，同時執起了咖啡壺。我其實並不喜歡喝咖啡，但出於禮貌，我於是回答：「喜歡加非常非常多的鮮奶。」簡直難喝到不行。

一個禮拜後，我有了第二次拜訪的機會。尼爾森太太一看見我，便直接抓起咖啡壺：「我知道，你喜歡加非常非常多的鮮奶。」咖啡壺已經舉在空中，朝著我的咖啡杯而來。我應該誠實拒絕嗎？還是應該保持禮貌，並讚許尼爾森太太的好記性呢？

練習：

如果是你，你會怎麼做呢？

我的反應：

坦白說，我並不想承認第一次我只是出於禮貌而隨便說說；要不然就是我腦袋還反應不過來。總之，我這次又喝了一杯加了很多鮮奶的咖啡。這個可笑的後果就是：接下來連續好幾年，每次只要我去拜訪尼爾森先生，我就得一直喝那樣的咖啡，雖然我眞的完全不喜歡咖啡。但是沒辦法，隨著我喝這種咖啡的次數增加，我越來越難開口說出實話。

回顧：

我打從一開始就應該說實話：「謝謝您願意提供咖啡。只是喝什麼都好，比方說水，或鮮奶也可以，但我眞的不太喜歡咖啡。」或是我大可在第二次拜訪時說：「我上次來的時候喝了杯咖啡，但那是個例外。其實我比較喜歡……」

結論：

想讓別人感受到你的禮貌，並不代表你必須吞下所有不喜歡的事。只需要誠實說出你的需求，就是禮貌；只要是在對方輕易能辦到的範圍內就好。

善良的陷阱：

善良好人總覺得自己的願望聽起來像是在跟對方做出「特別的索求」，好像一說出口，就是在給對方製造麻煩似的，即便它非常重要也一樣。但是一個不敢承認自己想要什麼的人，只會害到自己而已。

我學到的教訓：

如果你來不及抓住正確的機會，即時告訴對方你想要或不想要什麼，請務必在下次有機會的時候告訴他。晚點說總比從來不說好一點。

第 3 章

母胎好人

在這一章，你會學到：

☑你的大腦如何透過小技巧誘導你做出善良行為？

☑童年記憶如何神不知鬼不覺地左右你現今的行為？

☑一滴口水如何能讓一名成年人徹底喪失自信？

☑替自己的利益辯護不但一點都不自私，還是對大家都有好處的行為？

爲何從不開口發聲？

「每次只要我待在團體裡，都會非常戰戰兢兢。」這是碧昂卡・羅浮樂第一次找我諮詢時說的話。「最近我們這幾戶鄰居辦了一個聚會。那天，我整晚跟一群喜歡討論政治的鄰居坐在一起。討論這些敏感話題時，我的意見常常和講話的人不一樣，可是我都吞下來了，我認爲還是不要把自己的想法說出來會比較好。」

「當晚在場的其他人，也跟你一樣、對自己的意見三緘其口嗎？」我問。

「才不是，完全相反！有個看起來像是自己開店當老闆的人，手上戴了一隻超大的手表，整個晚上都只聽到他破口大罵、對財產稅發表『高見』。我覺得他的行爲好可恥。」

「爲什麼你會這麼覺得？」

「因爲他說得一副這項稅賦對整個社會有多大害處一樣。但實際上，它對在場的大家並沒有什麼壞處，覺得有害的只有他一個人而已。」

「但是爲自己的利益大聲辯護，這不是社會賦予他最基本的權利嗎？」

「是這樣講沒錯，但他也太厚顏無恥了吧！我當時眞的很想出聲反駁他。可是我偷看了一下其他鄰居，心想：其中是不是有誰也反對財產稅？如果我出聲的話，不就變成了他們的箭靶子？最後我什麼也沒說，只在心裡暗暗抱怨邀請我參加聚會的鄰居。」

「除此之外，還有其他想法跑出來，阻止你表達自己的意見嗎？」

她用手掌托著下巴，低頭思考了片刻。「我當時覺得：『不要蹚這個渾水，你又不懂政治！那傢伙一副就是沒辦法接受別人意見的樣子。你不要在這裡當公民警察，不然大家以後都會認爲你是個喜歡惹事生非的人。』」

「所以，一部分的你想要挺身反抗，但另一部分的你卻把自己攔下來了？」

「就是這樣，而且現在我才想到一個最重要的原因：『你不必每次都把自己的想法告訴大家！』」

「這句話是最近才有的想法嗎？還是你以前就聽過的？」

「『以前就聽過的』是比較好聽的說法——這其實是我媽常用來教訓我的話。我小時候是個話很多，又愛管閒事的孩子。」

「那麼，爸媽如何看待你當時的行爲？比如說，每次當他們覺得你『話多又愛管閒事』的時候？」

「一般來說，只要我沒先問過大家意見、就插話講出自己的想法時，爸媽就會罵我。我媽甚至會加上一句：『你不講話，別人當你蠢，但至少比因爲講蠢話被大家罵你蠢來得強。』這麼多年過去，我漸漸變得沒那麼多話、愛管閒事了。」

「你能想像自己穿著小嬰兒的包屁衣、手上抓著兒童玩具去參加鄰居的派對嗎？」她滿臉疑惑地看著我。「這是什麼意思？」

「你會把小時候穿的衣服和玩的玩具丟在一旁，因爲它們已經不適合你的年紀。你現在長大了，是個成人，但那些孩童時期的行爲，比如在飯桌上不許打擾別人——你很顯然還把這些教條隨身帶在身邊。」

碧昂卡抓了抓自己的耳朵。「這眞的和童年時期的教養有關係嗎？我只是想在鄰居派對上保持禮貌而已。」

「你的意思是，雖然你當下有不一樣的意見，但爲了禮貌起見，還是表現出和主講人意見一致的樣子？你覺得把個人意見強壓下來的行爲，對自己而言稱得上有禮貌嗎？」

「可是如果說出眞正的想法，我怕對方會生氣。就連在工作和家庭裡，我也多半會隱藏自己的意見。有時候我的確想講點什麼，但那感覺上就像是有人用手摀住我的嘴，要我別多嘴一樣。」

「那隻手有沒有可能是住在你內心的批判者？這個批判者把所有你在小時候接收到的批評語句都收集了起來。它就像是一隻有莫大權力的手，因爲它可以隨時隨地走進你的大腦裡，一聲不響，連門都不用敲。它可以神不知鬼不覺地主宰我們的行爲。」

「但如果我已經失去了抵抗的勇氣，又怎麼能察覺到這個內在批評者呢？」

「每次當你毫無來由覺得全身不舒服的時候，你就必須有所警覺，接著問問自己：那個內在批評者是不是偷偷溜到我腦子裡了？它正在對我灌輸什麼想法？」

「然後呢？」

「然後你可以有禮貌地跟它打聲招呼；也可以給它取個名字，譬如……叫它『毛利』好了。你可以這樣對它說：『嗨，毛利，你又打算在這裡幹麼？』」

「我這樣做有什麼好處呢？」

「透過這種方式，你可以在內心和它保持一段安全距離，因爲你會發現：這個聲音不是你自己——這個聲音、這個『毛利』只是你的一部分而已。如此一來，你自然不會把這個聲音所說的任何話當成唯一的事實，而會更仔細地檢查『毛利』的話。」

「你可以舉個生活中常見的例子，來說明我該怎麼做嗎？」

「假設毛利對你悄悄地說：『閉嘴！安靜！不要在大家面前說錯話！』這時你就可以和它開始對話，像是：『什麼叫「說錯話」呢？意見沒有所謂的對錯，只是一個人的意見跟另一個人不一樣而已。我願意冒這個風險！』接下來，毛利很可能會回答你：『你會後悔到想挖個洞躲起來的！等著瞧吧！』然後你可以回答：『就算是這樣好了，這又不是世界末日。而且我有可能說服別人改變他們的想法。』你可以在內心持續進行這個對話，直到你發展出自己的論點爲止。用這種方法，就能擺脫腦袋裡內建的慣性模式，讓自己不再像個擔心受怕的小孩一樣，而能像個成熟的大人。」

各位的情況又如何呢？在你的日常生活中，那每天聒噪不停的內在聲音是什麼模樣？它在什麼情況下會出聲阻撓你？它實際上說了些什麼？這股內在聲音會不會對你大聲地咆哮：「你到底有多蠢？」或「會犯這種低級錯誤，還眞是有夠像你的！」

請善用與內在聲音對話的機會，用力扯下心中的「毛利」的假面具，並邀請它和你一起坐下來，好好進行一場有建設性的對話。越是帶著意識去處理內心這些批評的語句，你越能活出自主性、活得越有自覺，而不是一直深陷在孩童時期被定下來的行爲模式裡。

當你的需要沒人看見

請你想像一下，你正以時速一百五十公里高速奔馳在高速公路上，而且已打好方向燈準備超車。突然間，儀表板上一道紅色閃燈引起你的注意：「胎壓不足！」這時候你，還會繼續高速狂飆下去嗎？不會，你會減速、靠右，並停下來檢查輪胎。因爲你很清楚，儀表板上的警示燈有其用意，而且閃燈絕對表示有問題；除此之外，若忽略它繼續行駛，會造成生命危險。

但這些懂得正視儀表板警示燈的人，卻會選擇忽視自己心理上的警訊。他們會將自己的沮喪擺在一旁、忽視長期壓抑的怒氣、粉飾自己的不滿，並否認自己的恐懼。就連自己身體上的需求，許多善良的人們也會選擇直接忽視：

- 當你恰巧處在一個團體裡，你會刻意選擇忽視自己的飢餓或口渴，會等到大家都開始自由活動、進食、喝水後，才開始找水找食物。
- 當你處在聚會裡，而時機顯得不適當時，你情願壓抑自己想上廁所的需求。
- 只要你覺得會造成其他人的不便和麻煩，儘管身體已發出疲勞的警訊，你也絲毫不當一回事；就算是強烈的頭痛，你也選擇忽略。

整體而言，「滿足他人需求」的這項需求，完全贏過了滿足你自己的。這位來自電腦資訊業界的善良專案經理，說出了一個尤其經典的理由：

「在我的團隊裡，我絕不會忽略身邊任何一個人臉上的任何一個細微表情。如果有人稍微抽動了一下嘴角，我就會馬上問他：『怎麼了嗎？你對這個解決方案有什麼不滿意的嗎？』我絕對會讓每個有意見的人有機會暢所欲言。我專心傾聽，並給予他們肯定，我就是想讓大家都覺得自己有理。在工作上，我整天都精神抖擻、時時刻刻全神貫注。但下班後，我整個人就會變成洩了氣的皮球一樣癱在沙發上。直到這時，我才發覺不但我的人累壞了，內心也十分空虛。我整天的精力都花在關心別人過得好不好，卻一點也沒注意到自己的身心狀況。」

因為你覺得時時刻刻精神抖擻和全神貫注是必要的，所以天天逞強打起精神上場，就算自己實際上早已體力透支也一樣。這位專案經理以為，若沒有全神貫注地傾聽部屬的意見，就是愧對他們。在諮詢過程中，有項奇妙的信念慢慢浮出水面來，那就是父母曾反覆叮囑她的話：「仔細聽別人說話！想睡覺的話，等你死了還怕沒得睡嗎？」這項訓誡她至今仍牢記在心中，更用來合理化忽略自己身體需求的行為。

但如果你連自己的需求都感覺不到的話，就更別提去照顧它了。假如你永遠把別人的願望放在最優先的位子上，那你怎麼有可能滿足自己的願望呢？脫離過度善良的道路，正是一條通往自覺的蛻變之路。只有當你徹底認識自己，才能更完善地照顧自己。現在請誠實回答以下的問題：

- 每一天的每分每秒，我是否都清楚自己當下的感受？我有全神貫注在自己身上嗎？我的精神狀態還正常嗎？
- 做一件事情時，我是否清楚且有意識地知道自己爲什麼正在做它？我心裡有什麼衝動，導致我做出現在的行爲？我的行爲是否爲了追求什麼目標？
- 我有多常去思考並檢查自己的言行舉止是否與想法和感覺一致？
- 和其他人見面前，我是否會問自己：究竟想從對方身上得到什麼？我對這次會面的目標是什麼？
- 我有多常做出違背個人想法的事，而非只做我覺得自己該做的事？換句話說，我是否並未做出心裡眞正想做的事，只是按別人的期望來反應？
- 我要在什麼樣情況下，才能安心地做自己人生劇本的導演？在什麼情況下，我會感覺自己的人生劇本由他人撰寫，而我只是個負責表演的演員？

一個以「有意識的決定」爲基礎產生的想法，才會眞正對你有幫助：因爲它能讓你在人生中繼續前進。相反的，從長遠來看，不以「有意識的決定」爲基礎的想法，只會滋養出足以令自己錯亂的認知問題。長久壓抑自己的想法和願望，並總是嚴厲地批判自己，所導致的精神狀況十分堪慮。

曾有一位相當成功的政治人物來找我諮詢。他既是所屬選區中得票最高的人，同時也是所屬黨派中相當令人愛戴的政治家，甚至擔任某個諮詢委員會的領導人。看起來，他人生所有的願望都達成了。在他進入會議室之前，我都只能從媒體上讀到他的人生事蹟：人生勝利組無誤。

直到他前來諮詢時，我才親耳聽見他對自己的看法：一枚人生魯蛇無誤。因為在他心中，他不過只是一個地方議會的議員（而不是中央議會的議員），不過只是個眾議院議員（而不是哪個聯邦首長），不過是個領津貼的階級（薪資根本比不上什麼高階經理人）。

從客觀角度來看，他確實是一位相當出類拔萃的人，然而他內心的想法卻將自己貶為一毛不值的人生失敗組。在諮詢過程中，他坦承父母從小就敦促他成為最厲害的人。不管他做了什麼，父母永遠都會拿比他跟更出色、更厲害好幾倍的人比較。

- 「你原本可以考得比九十五分還高。坐你旁邊的那個漢可不就考了一百分嗎？人家可是比你用功多了。」
- 「你有聽到瑪麗在畢業典禮上的鋼琴彈得有多棒嗎？你不多加把勁練習怎麼行！」
- 「你的英文還可以再加強。你怎麼不學學你哥哥，多看一點英語兒童讀物呢？」

一路走來，雖然他不斷贏得相當亮眼的成績，卻一直被父母親灌輸這樣的訊息：「你還可以再更努力一點！」他從小就感覺到，自己永遠無法滿足父母親對他的期許；每一次被父母拿來與其他小孩比較後，他便覺得自己變得越來越顯得渺小。我相信他的父母立意絕對善良，是出自好意想激勵自己的小孩，卻沒有意料到，這股「永遠覺得自己不如人」的想法，會伴隨著他一路長大成人，至今仍無法釋懷：

- 上臺演講時，儘管全場都爲他高聲喝采，仍有個微小的聲音在他腦袋裡說：「他們不過是出於禮貌才鼓掌的，你根本講得無聊透頂！你心知肚明，在你演講的過程中，黨主席兩次低頭看自己的手機！」
- 選戰期間，儘管他花費一整天和行經的路人寒暄、握手足足十小時，但晚上回到家、躺在床上時，他只聽到自己內心的聲音說道：「你的對手絕對會在街上比你多站兩個小時！」
- 當妻子稱讚他在政壇上做出這麼多貢獻時，他卻只聽見腦袋裡的聲音竊竊細語：「你不過是個無足輕重的地方政治人物而已，你同黨的菁英夥伴現在可全都坐在柏林的聯邦議會裡！」

這位成功的政治人物並不知道我先前介紹的練習方法，他不知道他可以說：「啊哈，我的『毛利』又冒出來想講點什麼了；我來看看他說的哪些是眞的，哪些言過其實。」這位成功的政治人物把腦中的耳語全當成了眞實，每天都在內心不斷上演一整套法庭辯護程序。而在辯護過程中，只有提告者獲准發言，被告卻完全沒有辯護的權利，每回開庭當然都被判有罪。

你和自己內在的關係如何呢？你也對腦袋裡的竊竊私語照單全收嗎？你還記得童年時期那些古早久遠的念頭嗎？事實上，這些回憶在這裡至關重要，因爲每一個回憶都會引發感受，而這些感受會間接影響你的行爲。當這兩者結合在一起——感受與行爲——就能主宰你人生的品質。

你的大腦在欺騙你嗎？

你或許會想：這位知名政治家難道沒察覺到，這些永無止盡的要求對他來說眞的太苛刻了？還有那位專案經理，怎麼有人會像她一樣完全忽略自己的需求呢？而又是什麼唆使

比如說，你可能會在參加派對的前一晚做夢。夢中的你去參加派對，並在那裡大大出糗：像是不小心把老闆推進泳池裡，害他變成落湯雞（人們會在夢境中允許自己做出無法在現實世界中做的事。以這個例子而言，你會允許自己在夢境中拒絕老闆）。又或者，你會在即將出門參加派對時突然感到劇烈的頭痛（你的潛意識試圖影響身體，好讓你能臨時從這個不想去的派對困境裡脫身）。又或者是，你可能會隨口告訴某人你很「開心」能參加這個派對，但不知爲何，卻失言說出「討厭」之類的話（那股被你刻意壓抑的感覺會偷偷表現出來）。

總結：那些你不允許自己表現出來的感覺和想法，會試圖用各種方式與你對抗，用各種巧妙的、無法察覺的方式，跑回來影響你的行爲。

投射

防衛機制會讓你將自己的感受投射到其他人身上，例如自己的願望、自己性格中討厭的特質，或不允許自己擁有的需求。

舉例來說，之所以答應參加派對，可能是你覺得這樣才稱得上舉止合宜：「要是我沒去參加派對的話，老闆一定會相當失望，會一直思考到底是什麼原因讓我決定不參加。是不是我不喜歡他？是不是我不滿意自己的工作之類的。也許他一整晚的好心情會因此被我的缺席搞砸。這兩樣都不是我想要的——我不想讓他失望，也不想毀了自己的職涯。所以啦，我當然得出席派對。」

但是你有沒有想過：也許你老闆壓根沒發現你沒來？如果對他而言，你有沒有出現根本沒差呢？如果他打從一開始就已經有心理準備，你可能會拒絕出席呢？

總結：你對自己行為的嚴厲批判根本和老闆一點關係也沒有；和自己及內心那個批評的聲音過不去的，其實只有你而已。

認同

防衛機制會讓你將個人獨特性隱藏起來，要你假裝這些不重要，並且和更大、更顯要的其他形象看齊：例如另一個更顯赫的人、更有名的機構，或其他類似的物件。讓你相信只有透過這種方式，你才能延伸出更高的自我價值。

舉例來說，曾有位工作上相當有成就的同事對你說：「我覺得獲得老闆私下邀請、進入一個以他為主的辦公室小圈圈是一種榮耀。我絕不會錯過任何可以參與這個聚會的機會。」每當你思考是否婉拒參加派對時，這些話就會在你腦中浮現，並讓你認為將參加派對的機會拱手讓人絕非明智之舉。那位成功同事的話有道理，你必須出席這個派對。

總結：你忽略自己的需求，並用（你所崇拜與尊敬的）同事的話語來填滿內心需求未被滿足的空虛。故事的最後，你以為決定參加派對的是你自己，事實上卻是陌生人的想法主宰了你的決定。

否認

防衛機制會讓你選擇使用一些不舒服的方式來規避衝突，例如爭辯已經發生的事情其實完全不存在——如同玩捉迷藏時，人們會把眼睛閉起來一樣。只要閉上眼，就天眞地以爲現在所有人都看不見我。

假設朋友建議你不要去派對，而是給自己安排一個舒適放鬆的夜晚，因爲「你最近看起來總是相當疲憊。我從沒見你在晚上七點前下班過。我擔心你的工作負擔太重了」。但在防衛機制下，你會一口回絕。「你最近看起來總是相當疲憊」？那只是天氣涼涼的，讓人覺得很好睡而已！「從沒見你在晚上七點前下班過」？搞錯了吧，那時候其實正塞在下班的車陣中呢！最後，「擔心你工作負擔太重」？不不不，完全沒有這回事。

總結：首先，你不是在反駁朋友，而是在反駁給自己聽。你拒絕相信眼前的事實，好避免更不舒服的結果發生。

轉嫁

當你明知道內心有種強烈的感受，卻不讓它在最初的情境中適度釋放時，防衛機制就會讓這分感覺在其他地方表現出來。

舉例來說，主管在下班時間仍找你談公事，讓你心裡超級不爽。但身爲一個善良的人，你不會直接在他面前表現出來，因爲這會讓主管對你留下壞印象，或是會讓主管生氣地批評你。

因此你把怒氣轉嫁到伴侶身上。你的伴侶或許剛好精心安排了一個晚間約會，這時你會以相當尖銳的反應攻擊：「難道我就不能有個晚上好好休息、什麼約都不要有嗎？你總是不停往我的行事曆裡塞行程，夠了吧！」

總結：原本被你壓抑下來的怒氣，挑上了這個相對來說沒那麼危險的情境，突兀地浮現出來：該被拒絕的其實不是你的伴侶，而是主管。

在這個情況下，影響你的已經不是事實本身，而是你理解事實的方式，以及隨之在心中描繪出的樣貌。心理學上的「接納與承諾療法」，便是一種練習讓大腦接納和擁抱內在想法的行爲治療。這套療法認爲，人類心理中有種特徵稱爲「認知融合」，當人們在敘述自身經歷的故事時，往往會將故事與眞實混爲一談。

看到這裡，請靜下來仔細思考一下：換做是你，在上述提到的多種防衛機制中，哪一種會是你最有可能採取的反應？除了以上情境外，你還會在什麼情況下採取同樣的防衛機制？在你選擇閉上眼忽略自己的感覺、做出違背個人意願的行爲前，有什麼細微的徵兆或警示能提醒你？

假設你能即時察覺身體啓動的防衛機制，請再誠實地追問自己：就算你察覺了，你是否能因此改善內在的決策過程並改變自己的行爲？

你的自信有多穩固？

不開口索求自己應得的東西，是典型善良好人的特徵。當有人質問你爲何退縮避讓時，善良的人通常會這樣合理化自己的行爲：

- 「我認爲在人與人的相處上，禮貌是非常重要的。」
- 「基本上，我會迴避所有不值得計較的衝突。」
- 「我想我不必堅持用鋼鐵般的毅力去突破重圍，有時我也可以當個聰明的智者，選擇退一步海闊天空。」

但最深層的原因其實是自信上的一道裂痕。善良的人選擇避開任何會讓自己感到害怕的事：

- 開口索求的人，就要冒著被拒絕的風險。只要相讓退縮，就能規避被拒絕的風險。
- 拒絕別人願望的人，就得冒著被別人討厭的風險。只要相讓退縮，就能規避被討厭的風險。
- 誇耀自己功勞的人，就得冒著被別人寄予厚望的風險。只要貶低自己的成就，就能規避這個風險。

帶著自身的問題，善良的好人與其他相對自信滿滿的人們處在一個令人驚訝的社會裡。善良的好人不了解，爲什麼有人總是在強調他們充滿自信？但過度自信的人其實十分感到恐懼，懼怕自己會被忽略；且這樣的人會以咆哮的聲調來強調自我意識：

- 過度自信的人喜歡以命令的語氣說話，因爲他們害怕要是出聲請求，就會暴露出自己的弱勢，並因此被人拒絕。
- 過度自信的人習慣粗暴地拒絕別人的請求，因爲他們害怕一旦對方據理力爭，他便會被說服，並因此看來低人一等。

- 過度自信的人會高聲誇耀自己的功勞，因爲只有這樣，才能壓過批評聲浪，並爲大家帶來正面影響。

但事實上，善良好人與過度自信者有個共同點：他們都想「證明」自己的價值。一個覺得自己有必要證明些什麼的人，心中都懷有被指控的委屈。因爲沒有證人願意站出來，證明功勞是他的，使得他必須不斷證明，甚至變成依賴。

善良好人總是保持著爲衆人著想的行爲，他會讓出功勞或爲任務粉身碎骨，好換得大家對他的認同。相反的，過度自信的人總是逞強賣弄，並搶著擠上舞臺正中央。他內心強烈需要衆人對他的讚嘆與崇拜。

但這兩種人的嘗試都注定以失敗收場，這是因爲若是連自己都不相信自己的價值，就絕對無法從他人身上找到自我價值的證明：

- 凱琳是位善良的員工，卻對自己的工作能力相當沒自信。儘管她的存在確實爲同事和主管們減輕了許多負擔，但是當別人稱讚她時，她總是說：「這又沒什麼特別的！」或是：「哎呀，這個其他人也能做得一樣好。」

- 麥斯一直無微不至地照顧臥病在床的母親，直到母親過世。當然，為了照顧病人，他只好把自己的職涯擱在一旁。然而當家人為此對他表達感激時，他卻只說：「我眞的覺得很抱歉，我沒能再多花一點時間陪家人。」
- 約兒是位盡職的母親，她總是花大把時間陪伴兩個孩子，尤其是期末考前，她都會花時間陪他們一起複習，沒想到兒子的數學期末考只拿了個勉強及格的分數。兒子向她再三保證，這糟糕的分數和她一點關係也沒有，但約兒仍認為這全都是自己的錯，要是她再花更多時間陪兒子就好了！

如果你非要將過錯攬在自己身上，那麼就算全世界都不這麼認為，對你又有何用？即便你聽完了全世界的想法，還是會說：「其他人只是想安慰我而已！」或是：「外人不會了解我的感受。」不論如何，最終你對自己能力的懷疑都會戰勝其他人的意見。

如果你總是拒絕對自己說：「光是我存在於這個世界上的事實，就證明我是一個有價值的人！」反而常說出：「我是個有價值的人，因為我可以做這個或那個。」這時，自信心的巨大裂痕便會開始生成。會說出第一句話的人，顯然擁有足夠的自信；會說出第二句話的人，則只看到了自己的能力價值——好比一位員工出售自己的工作績效，以獲得薪資酬勞。一旦他停止付出工作績效，就再也沒有任何價值可言，接著便會被辭退。

一個沒自信的人，也往往會讓自己成為人際關係中的乞討者。他的快樂與否，取決於其他人喜不喜歡他，而且永遠只想著「贏得」別人的歡心；如同身為員工，努力去「贏得」薪水一樣。就像一名員工必須滿足該職位的需求，沒自信的人也會以滿足他人的期待為優先。這樣的人會按別人的期望來做事，同時忽視自己眞正想做的事。

將自信託付給別人，就如同散戶之於股市：有時不停上漲，有時突然下殺谷底，情緒的暴起暴落完全任由別人操縱。除此之外，每個人不同的丈量標準也將成為你必須承受的風險：畢竟沒有人可以保證，你那超乎非凡的績效看在另一人眼裡仍同樣出色。有可能只是因為對方不喜歡你，或有超乎尋常的期待，使得同樣的績效一下子變成了「不及格」。

更別說每個人的表現本來就時好時壞：有時在工作上順利得有如神助，做什麼都對；有時就是很容易出錯，導致成績差強人意。正因為如此，你更不應該期待身旁的人會無止境地時時報以熱烈的掌聲：要知道，噓聲也是現實生活的一部分。

對人生最重要的評價不該來自外界，因為沒有任何一個人能代替你，為你的人生做出評價。你的自信只取決於一個問題：你能接納自己嗎？你喜歡自己嗎？你和自己是一對經常溝通的朋友嗎？你愛自己嗎？事實顯示，高度接納自我的人，能讓自己不因外界的評斷而動搖，並能幫助你有效克制顯露於外的善意，將它維持在一個合理的水準。

然而這條通往精神獨立的自信之路經常充滿障礙——其中大部分源自於童年。

直到今天，你仍是個孩子

一個襁褓中的嬰兒如果肚子餓了，會想克制自己不要哭出來，以免吵到熟睡中的父母嗎？不，他不會，他會直接放聲大哭，直到想吃東西的需求被滿足為止，因為他認為自己是世界的中心。這個「視自我為中心」的心理設定，是為了確保了自己能順利活下來——著名心理學家佛洛伊德稱之為「原初自戀」（primary narcissism）。

每個人的自信心都是與生俱來的。當我們還是襁褓中的嬰兒時，大家都得使出吃奶的力氣哭喊出自己的需求，這些需求對當時的我們都非常重要，都需要被滿足。還是小嬰兒的我們沒有任何虛情假意的謙虛、沒有任何自我內心審查，更沒有需要維持表面的和諧。

成人後，誰要是仍不時大聲喊出自己的需求，我們通常就會說他不小心掉進了「次級自戀」（secondary narcissism）裡。因為在他眼裡，世界就是一個專為滿足他需求而存在的地方。大家或多或少都認識這種人。這些人，我們會說他們是內心生病的自我主義者。

善良的人則剛好相反。通情達理——也就是不要總以為自己是全世界的中心——到了他們腦子裡，卻得出不合邏輯的結果：善良者不以自己為重心，而是認為身邊的人比自己重要許多；善良者不讓別人來服侍自己，反而認為自己應該服侍別人。除此之外，善良者

毛利便會跳出來說：「小心！」當小小孩想縱身跳過又寬又深的水溝時，毛利就會跳出來說：「別高估自己！」當小小孩差點被人行道上的高低差絆倒時，毛利就會跳出來警告：「小心看路！」毛利的作用可說一石二鳥：既能保護小孩，也能讓他的父母滿意。

然而對一個處在童年時期的人類來說，他每天要接受的負面訊息量簡直排山倒海，每天要遭遇的打擊就像是被冰雹狂毆一樣——這些訊息量遠超過毛利所說的句子總量：根據英國學者的統計，每個小孩每天所接受的平均訊息量爲四百四十九句，其中只有三十七句是正面的句子。換句話說，每個小孩在得到一句稱讚前，已經接受了九句批評。如果把這些句子攤開來看，大概會是這個樣子：

- 「不行，現在不能做這件事！」
- 「你給我把那個東西放下！」
- 「你不要一直這麼沒耐心！」
- 「講話前多想一想！」
- 「別那麼不要臉！」
- 「你現在就給我退回去！」
- 「你永遠學不會嗎？」

•「這到底是怎麼發生的？」

我們必須承認，教養是一項沒有休假或下班可言的工作，而且相當考驗父母的腦神經與忍耐度。因此，就算是非常善良仁慈的父母，偶爾也會忍不住脫口說出這些句子：

•「你現在是發神經喔？」
•「你眞的這麼蠢嗎？」
•「你存心要搗蛋嗎？給我放下來！」
•「你腦子進水囉？」
•「我的耐性都被你磨光了！」
•「你就是這樣笨手笨腳的！」

在你眼中，孩子的價値頓時與他的行爲相同：因爲他做了什麼很蠢的事，所以他很笨；因爲他做了什麼不好的事，所以他是壞小孩；因爲他笨手笨腳地闖了禍，所以他就是個笨拙的孩子。對孩子而言，他不會認爲他之所以挨罵，是因爲自己犯的錯，烙印在他心中的，是「他本身就是個錯誤」。而這個論點也藉由他每天犯下的錯誤和挫折一再獲得證明：明明不該尿褲子，卻還是控制不住尿意；明明應該安靜下來，卻又忍不住開始嬉鬧；明明應該要拿到好分數，成績卻還是一塌糊塗……

當孩子漸漸成長，他們變得越來越不相信自己的直覺和需求。當然，他還是會在餐桌上告訴你「我吃飽了」，但身爲父母的你卻會喝斥：「把你盤子裡的東西吃乾淨！」好吧，他雖然飽了，但只能繼續吃。儘管他會在放學後告訴你自己的需求，例如說他想出去玩，但身爲父母親的你會說：「你給我回房間，等寫完功課、念完書再說！」好吧，他只好回房間念書。這就是一個孩子隨著年齡增長，逐漸與自己的感受和身體需求脫鉤的過程：

- 不在肚子餓的時候進食，而是等到用餐時間才吃飯（因爲毛利早已在他身後大喊：「吃飯就要好好坐在餐桌上吃！」）。
- 你只能在「可以」上廁所的時候去，而不是「需要」的時候（「上課時不准一直說要去廁所！」）。
- 不可以一累就說要睡覺，要睡覺只能在晚上睡（「白天睡覺的人就是懶鬼！」）。

在社會化的過程中，越來越脫鉤、越來越陌生的不只有生理需求，就連心理需求也越來越被拋諸腦後：

- 孩子希望自己能獲得眾人讚許的目光，但一出場就失敗（「不要以爲大家都只在意你的表現！」）。
- 孩子希望自己能有更多獨處的時間，卻又不被允許脫離群體活動（「別當個不合群的人！」）
- 明明因爲輸了比賽而打從心裡想發怒大哭，但面對糟糕的比賽，還是得露出得體的微笑（「男兒有淚不輕彈！」）。

嬰兒時的我們，從不試圖掩飾自己的願望和需求。嬰兒的左右銘就是：「我就是我想要的樣子。」但「社會化」卻攪亂了一池春水，讓我們變成：「我就是別人想要我變成的樣子。」孩童時期的形塑過程影響著我們整個人生，越是善良的人，就越是受制於別人的評語和意見。

西裝外套上的一片雪花

楊彼得．西門的一天就如往常一樣順利，直到這個小差錯發生爲止——一個毀了一切的小差錯。這天早上，楊彼得一如往常，應邀到專業會議擔任演講者。毫無意外的，在演講結束時獲得熱烈掌聲。當他離開講臺時，無數觀衆湧上來包圍著他，每個人都想從他身上得到一些專業的私人建議。中午休息時，他在會場旁的小攤販隨意買了點什麼，然後站在吧檯邊用餐。就在這時，一家知名大公司的人事負責人向他走來，表明對他的資歷相當有興趣。楊彼得非常興奮，因爲他認爲自己在這家公司一定能有很好的發展。

至於接下來發生的一切，他在諮詢會談裡是這麼告訴我的：「我當時正要回答對方的問題。但一張嘴，一片白色的唾沫就從我嘴裡飛出來，在空中畫出一道高高的拋物線，然後落在對方那完美的黑色西裝外套上，而且就停在胸前的口袋處，看起來就像一片顯眼的白色雪花。吧檯上所有人的目光都集中在那片唾沫上，就連對方也低頭盯著自己的西裝看。我當下眞想挖個地洞躲起來。我眞的很想道歉，可是話到嘴邊怎樣也說不出來。我整個人失去反應能力，只能呆站在那裡。其他人開始繼續談話，而我過了一分鐘還是兩分鐘之後，就找個藉口從桌邊溜走了。我眞的覺得相當洩氣。」

什麼情況會讓你情緒失控？什麼情況會讓你突然由喜轉悲？什麼情況會讓你自動放棄戰鬥，不再嘗試？什麼情況會讓你開始沉默，不再說出讓自己振奮的事？

我們要問的是：什麼樣的情況會讓你再度回到無能爲力的孩童狀態？什麼東西有能力引發這些效果？

諮詢時，我是這樣問西門的：「在那瞬間，當你開口發言而唾沫飛出來的時刻，你腦袋裡在想什麼？」

「我簡直氣瘋了，腦中大聲咆哮：他媽的眞不敢令人相信！你居然幹出這種事情！你有本事就再蠢一點沒關係啊！你現在可悔到連腸子都青了吧！」

「這樣好了，假設今天的情況相反：這個小失誤發生在對方身上。你會對他這樣的小失誤有什麼想法呢？」

西門愣了一下，睜大雙眼看著我。「如果是我，我覺得這一點關係也沒有啊。光是他願意挪出時間來和我談話，我就已經相當開心了。」

「同樣的行爲，如果是別人做的，你一點也不會放在心上；但換成你做了，卻覺得是個天大的災難似的。你能解釋一下其中的原因嗎？」

「等等，不一樣的地方在於，我當時正努力想給對方留下好印象，結果卻弄巧成拙，變成一個超糟糕的結果。」

「爲什麼你認爲自己需要特別努力留下一個『好印象』呢？你先前在講臺上所做出的表現，就已經夠光芒四射了，這也是對方爲什麼特別來找你攀談的原因。事實是，這位人事負責人想從你身上得到什麼，而不是你有求於他。」

西門陷入了沉思。「仔細想想，我認爲你說的是對的。但我當時卻覺得能被他找上，是一種特別的殊榮。」

「我們換個假設。如果有位朋友告訴你一模一樣的故事：他做了一次無比成功的演講，之後有位知名企業的人事負責人來找他談話，他卻噴了一口唾沫在對方身上，從此他感到萬分懊悔自責。你會給他什麼建議呢？」

「我會告訴他，他完全沒有理由因此從現場逃跑。畢竟這種小失誤可能發生在任何人身上。」

「這想法更有趣了！發生在其他人身上，你會覺得這是微不足道的一樁小事，卻只有發生在你身上時不是！你現在發現自己的反應有多不理智了嗎？」

「哎，是這樣沒錯：理論上來說的確很不理智，但這個失誤感覺起來還是讓人……怎麼說呢，丟臉死了。」

我接著問，他在童年時期是否一直覺得自己糟透了。他毫不遲疑地立刻證實了我的猜測：他的母親十分嚴厲，他對童年最深刻的記憶，就是母親不停地對他說道：「別那麼丟人現眼行嗎？」

這句話就這樣被他當成了座右銘，伴隨著他的一生。於是他長成了一個善良的人，一個會為了滿足他人願望赴湯蹈火的善良好人。他的心情好壞，完全取決於他的成就與績效。這可不是輕鬆的事，因為他給自己訂立了相當嚴苛的標準。對其他人來說已經夠好的成績，對他而言全都離「好」還差得遠。

舉例來說，很久以前，他曾為女友買了一只漂亮的手環做為生日禮物。女友戴上手環後，在鏡子前擺弄了一會兒。他看著她試戴的過程，小心翼翼地說：「你不喜歡，對嗎？我就知道。我一開始就該猜到的：我原本還看中了另一個，我應該選另一只手環才對。」

但他的女友只是繼續看著鏡子，仔細端詳，然後說道：「還好啊，其實我覺得我戴起來滿好看的呢。」

「你可以老實說，沒關係。」他又回答。「我看到你打開盒子、看到手環的時候並沒有很開心。我猜錯了，我可以拿去換沒關係。」

最後女友只好妥協，手環當然也就又送回店裡了。

現在，你發現了他的問題在哪裡嗎？

他的問題不在於外在的環境和別人的觀感，因為飛沫事件其實是大家可以理解和體諒的小失誤，他準備給女友的手環其實也相當受到對方喜愛。但他內在批評的聲音卻不放過他，要求他必須表現出一個現實世界裡完全不存在的東西：完美無瑕。也因此，小失誤在他腦中變成了天大的災難，女友一丁點的猶疑也被解讀成禮物糟糕透頂。這些行爲反應全是因爲西門的內心並不認同自己的緣故，而他也將這股內心的批評投射在其他人身上，認爲所有的人都像內心的聲音那樣，嚴厲地批評自己。

後來，西門在我這裡進行了一段相當長時間的諮詢。在會談裡，我們重新導正了他在兒時所經歷的許多批判。除此之外，他也詳列了一張清單，並在上面寫下自己從小就常被教訓的句子（參見第4章表1「常見的信念」），除了「別那麼丟人現眼行嗎？」還包括：

- 「別讓自己丟臉了啦！」
- 「你可承擔不起犯錯的代價！」
- 「別那麼冒失，簡直像頭大象闖進陶瓷藝品店一樣！」
- 「不要總是哪壺不開提哪壺！」
- 「你只要說錯一次，就沒人會再相信你！」
- 「別讓人笑掉大牙了！」
- 「你說話給我小心點！不說話沒人當你是啞巴！」
- 「你能做點讓我們驕傲的事嗎？」

這些信念在在加深了他對社交的恐懼。這種對自己會在某個公開場合上做出不得體或失禮行爲的恐懼，伴隨他一起長大。每個人對他的指指點點在他心裡都成了金科玉律。他總是遵循著別人的想法，而不是自己心裡的聲音。只要他不小心說錯一個字——或是講話時噴出一滴飛沫，他的自信心便會瞬間崩盤。即便在場周圍的人一個字也沒說，但他已將所有人內心的想法解釋成足以摧毀他整個人的各式批評。

那麼，現在的西門該如何加強自己的自我價值感呢？我建議他創造一個辯護者以對抗內心的「毛利」。我當時問他，在他周遭是否有誰能做爲這個角色的最佳榜樣？西門立刻想到了他的嬸嬸路易絲：「路易絲是個最不拘謹、最不遵循傳統的人。她總是果決地做自己想做的任何事，而且不論別人說什麼，都不會影響她。」

於是西門決定將自己內心的辯護者取名爲「路易絲」。有了名字後，我們開始在諮詢時展開訓練，讓路易絲對毛利的攻擊展開防衛。在訓練中，我請西門想像我們接下來要進行的對話，就是發生在他內心的一場決鬥。

我在諮詢室裡面對面擺了兩張椅子。他坐在代表路易絲的椅子上，我則坐在代表毛利的椅子上。接著我開始攻擊：「你看看你做了什麼好事！你剛剛把口水噴到對方的西裝外套上耶！沒人像你這麼丟臉！」

西門則花了一點時間才進入路易絲的角色。接著他回答：「你在那裡激動什麼？這不過是一件稀鬆平常的小事。」

「稀鬆平常的小事？你丟臉丟到家了，後悔也來不及了啦。」

西門思考著自己該說些什麼。過了一會兒，他說道：「我可不這麼認爲。開口說話時不小心噴口水很常見；當天在座的每個人都有類似的經驗，每個人都能理解這是個無心之過。」

「你只是在美化自己的失敗而已！承認吧，那天你把自己的名聲全毀了！」

「完全相反！我那天剛做完一場精采的演講。我是當天在現場最受人愛戴的人。」

「你心知肚明，演講的時候你連吃了兩次螺絲！而且天知道你在臺上演講的時候噴了多少次口水，只是你自己沒察覺吧！臺下觀眾八成是出於同情才鼓掌。」

西門這次深深吸了一口氣，一次，再一次。我可以感覺到，毛利這次的攻擊打到痛點了。接著他說道：「就算我在講臺上噴了幾次口水，我仍是一個有價值的人。甚至我就算一個字都不說，也是個比你還有價值的人。」

「你在發什麼瘋、做什麼白日夢？你簡直出盡了洋相！要是你繼續這樣催眠自己，再沒多久，你就會失業、變成流浪漢啦！」

這時，我看到西門強忍著臉上的微笑，回答道：「就算我哪天真的失業沒工作了，我仍是個有價值的人。」

接著，我又以毛利的角度講了幾句話，總之就是試著將西門逼到牆角，不過接下來毛利就再也沒有什麼用了。現在我們可以說，西門已經有能力將自己與童年時期的內在聲音切割開來——他感覺得到自我價值，而這分感受不再遭到（假想中惡意的）第三人左右。

在這場角色扮演後，西門看來相當震驚：他很驚訝我怎能這樣精準地扮演毛利。接下來的幾週裡，只要西門的情緒低落，他便會小心翼翼地觀察自己的內心。他學會對自己的內心說話：「歡迎光臨，毛利——我是路易絲。我知道，你又偷偷跑進楊彼得的腦袋裡。請你現身並大聲說話，這樣我才能好好地回答你。」接著，內心中專屬於毛利和路易絲的爭吵就此開始。隨著時間過去，西門甚至相當享受這個爭辯的過程。童年時期在社交場合裡蒙受的陰影，至今依舊時不時襲上他的心頭，但再也無法對他造成傷害了。

在什麼情況下，你會需要一個內心的辯護者？你內心最常跳出來的自我責備是什麼？在你周遭有沒有適合扮演內心辯護者的人？如果有，他叫什麼名字？這個名字適不適合當你內心辯護者的名字？他會怎麼回應你內心最常出現的自我責備？請試圖在自己內心進行幾個回合的對話，並在下次有機會時，例如當你童年時的責備聲音再次出現時，嘗試以這個方法來與之對話。

難道我該變成自私鬼？

試想，如果你將自己的需求擺在第一優先的話，會發生什麼事？試想，如果你先問該爲自己做些什麼，而不是爲別人做什麼的話，會發生什麼事？假如你選擇表現出自己的壞情緒，卻不是爲了別人著想而隱藏自己的情緒，會發生什麼事？假如你勇敢地往自己人生想去的方向前進，而不是繼續一味逃避，會發生什麼事？

或許毛利會齜牙咧嘴地對你冷笑：「現在可好，你成了你一直以來最不想變成的樣子：你這個冷血的自私自利自大狂！」庭上，請容我反對！

- 你可以爲自己的利益辯護，同時不會讓人感到自私自利。
- 你可以將自己擺在最優先順位，同時不會讓人感到你是個自戀的人。
- 你可以表現出自己的情緒，同時不會讓人覺得你總是以自我爲中心。

如果你能爲自己所感受到的一切而活著，你將隨著時間變得更加成熟；每位朋友也都會承認並接納你這股眞實的感受，只有你的腦子裡會不停地大喊自己是個自私自利的自我主義者。但你的大腦爲什麼會這麼想呢？

其中一個原因是反差。每個習慣摸黑過日子的人，都會覺得陽光刺眼。因此每個習慣過度善良的人，都會覺得要是以自己的需求爲優先，就是太過以自我爲中心。但就像人類的眼睛會適應光線一樣，隨著你重新調整需求的優先順序，你也會越來越習慣於將自己的需求置於優先。請給你自己一點時間來適應。

第二個原因是你內心那位叛逆的毛利。終其一生，毛利都在努力鼓勵你先去滿足別人的需求。但他的期望眼看就要幻滅了，因爲現在的你已懂得爲自己辯護，毛利只好想盡辦法，用力責備你太過自我，好繼續操縱你，讓你回到過往習慣的道路上。

別聽他的話。要是你以善良好人爲評斷標準，並覺得自己的行爲太過分、太野蠻的話，那麼你不過算是恰如其分而已。舉例來說，假設你拒絕了一位朋友的請求，因爲你的確剛好不方便幫忙。或許你會因此覺得自己太自私了（畢竟在類似的情況下，你一向都會答應），不過客觀來看，這時候的你不過只是給予一個正確且合情合理的回應而已。

唯有你敞開心胸、真誠對待自己，並認同自己內心的想法，你才能使他人富足。換句話說，**你只能給予別人你擁有的東西**。當你一無所有的時候，是無法提供別人任何贈與或幫助別人的。請問問自己的內心：

- 如果連你都不愛自己的話，你如何能愛另一個人？這就是我所謂「你只能給予別人你擁有的東西」的意思！
- 如果連你都無法照料自己，你如何能照料另一個人？這就是我所謂「你只能給予別人你擁有的東西」的意思！
- 如果連你對自己都不親切友善，你如何能對另一個人親切友善？這就是我所謂「你只能給予別人你擁有的東西」的意思！

如果你無法打從心裡體會這分感受，你將在永遠活在情緒被掏空的痛苦之中。接著，你會做出一些並非出於自願的行為，並放任自己被他人利用。這一切都只是為了想獲得別人的肯定，但這分肯定卻是你早該由自己給予自己的。一個無法喜歡自己的人，往往會強烈依賴別人對他的喜愛，就像一個瘸腿的人依賴著拐杖行走那樣。然而依賴拐杖行走的人，也只能走得步履蹣跚，搖搖晃晃。

唯有當你打從內心喜愛自己，別人才能真誠地喜歡你。透過這樣的方式，你終能擺脫自己童年稚氣的依賴習慣，最終邁向一個健康、自信、成熟的心理狀態。

檢測你是否「人太好」

不友善的餐廳服務生

情境：

約莫晚上十點，我和朋友們決定一塊去一間餐廳吃飯；餐廳的戶外用餐區高朋滿座，放眼望去，幾乎有一半的位子仍有賓客在用餐。口渴的我們選擇了戶外區最靠外圍的座位，好讓我們能暢快地聊天，不受打擾。不過入座後，卻沒有服務生來招呼我們。外場的女服務生只管照料著其他賓客，就是刻意不往我們這桌看。我們等了整整十五分鐘，直到我第三次招手，她才像是剛發現我們一樣來到桌邊，並用不悅的語調說道：「你們不能坐這個位子。如果你們一定要坐這裡，那麼等下一組客人來的時候，你們就得走。」

換了新位子後，女服務生依舊對我們這桌相當冷淡。結帳前，我問自己：我應該忽視服務生的無禮，還是我應該客訴呢？此外，小費該怎麼算才好？

練習：

如果是你，你會怎麼做呢？

我的反應：

我決定給這位服務生一個間接的回應。當她來結帳時，我說：「總共十四歐九十分，」我以一副施恩般的聲調回答她：「那麼今天就算十五歐吧。」從她臉上肌肉抽動的情形來看，我相信她相當清楚我的意思。

回顧：

我認爲不給這位服務員平常我會給的小費額度是個正確的決定。但爲何還是給了十分錢小費呢？還有，爲什麼選擇給了一個心照不宣的評語，而不是直接的批評？我還是得說，當時我並不想冒著和對方發生爭執的風險，我還是太膽小了啊！

但如果這件事情再來一次，我會這麼做：「我想告訴你，我們今天在這裡用餐被你服務的感覺：首先，我們空等了十五分鐘，你才終於願意來搭理我們。而當我第三次向你打招呼時，你相當無理粗暴地直接將我們趕到另一張餐桌。我們覺得你並不樂意見到我們。但我們是來餐廳用餐的客人，而且很不願意被如此對待。」

結論：

我表現出自己的觀察與感覺，而不是直接責備，並在最後導出我的願望。當然，當下最簡單的方法，就是直接把我生氣的地方說出來，這位服務生也就有機會爲自己的行爲解釋。或許她會爲自己失禮的服務道歉。

善良的陷阱：

我當時是這樣想的：「她不過是個服務生，工作了一整天，一定很累了，她的壓力應該也很大，你不用這樣小題大作發脾氣。」但這種想法不過就是將對方的需求擺在第一順位來考量，而非我自己的需求。而我那吝嗇的小費，不過是個偷懶的妥協之策而已：我當然是想抱怨，但不想直接撕破臉。這不僅滅了自己的威風，也同時長了別人的志氣。

我學到的教訓：

怒氣是你的好朋友，它總會在你的需求被傷害與忽視時，第一個出聲報到。從此以後，請大聲清楚地告訴別人，你需要的是什麼。唯有如此，你才會得到你眞正需要的東西。

第 4 章

信念的牢籠

在這一章，你會學到：

☑為什麼一生中，你最努力壓抑的就是自己的思考？

☑該如何發現你的「導航系統」？

☑該如何為你的大腦安裝全新「程式」，以達成所有願望？

☑一名游泳健將如何在拋開自己舊有信念後，從永遠只能在練習賽裡奪冠，到後來成功游向世界錦標賽金牌與奧運金牌？

寧願差點過勞死，也好過讓別人失望？

「這個專案眞的要了我的老命，我根本打從一開始就不該接下這個任務的。」身爲軟體開發工程師的詠．韋格坐在諮詢室裡抱怨著。

「你當初是怎麼被老闆說服接下這個專案的？」我狐疑地問道。

「你覺得咧？難道我可以冷淡地拒絕自己的頂頭上司、打槍他嗎？」

「眞的不行嗎？」

韋格緊緊閉上眼，雙眉皺在一起。「我的意思是，他是我老闆。基本上他有絕對的權力把任何工作丟到我桌上、命令我做事。他可是付我薪水、請我來解決任務的人。」

「你的意思是說：即便你的工作負荷已經重到爆炸，還是不能拒絕他交代給你更多任務？即使你已經很明顯過勞也一樣嗎？既使他命令你做非法的事情也一樣嗎？」

他思考了一下，然後說道：「如果他要我做的事情是違法的，那我當然會拒絕他。」

「如果你的工作量大於能負荷的量呢？你情願冒著過勞或心臟病發的風險，也好過拒絕老闆嗎？」

韋格伸出手，頂著自己的下巴，食指在鬍碴上來回磨擦。「這倒不會。要是我確定再這樣下去會過勞或心臟病發的話，那我應該會……呃。」韋格語塞了，就像話已經到了嘴邊，卻說不出來一樣。

「……拒絕他。」我幫他把話接上。韋格的表情稍微扭曲了一下。然後點了點頭。

我又說：「如果你因爲沒有多餘時間而拒絕這項專案，你眞的就會讓老闆失望嗎？」

「要是聽到我拒絕他，他一定不會太開心。他很可能會覺得我是個不負責任、不能信任或懶惰的員工，接著我很可能就會登上他的黑名單吧。」

「在最好的情況下，你覺得假如你拒絕他，他會如何理解這件事呢？」

韋格又陷入了沉思。「這個嘛，他很可能會說：他發現，我光是應付現在的工作量就已經筋疲力盡了，所以我現在手上正在進行的工作，一定不是在最佳的狀態裡。」

我也是這麼想的。我對韋格點了點頭。

你是否覺得這個情境似曾相識？即便你卯足全力去滿足別人的願望，到頭來卻害到自己？這就是「信念」在指使你。這些信念就像古老的信仰教條，說服力有如地下水般滲透到你思想的最底層，其中有許多更與你的自我價值緊緊相連。例如：「我不重要！」這種信念足以長期使喚你，神不知鬼不覺。操縱你的並不是你自己，而是你的「自動導航系統」。

以下這句話，就是一直以來隔空操縱某位諮詢者的信念：

「我必須做別人期待我會做的事情，否則我就會讓他們失望。」

如果你長期以來都把這句話當做人生格言，那麼你的人生不過是一場懶惰的妥協而已。開口說話前，你只問：「別人會喜歡我說的這些話嗎？」做任何事前，你只問：「不知道別人是否同意我這樣做？」替自己的利益辯護前，你只問：「我能先爲別人做點什麼嗎？」你的獨特性完全扭曲成可以預期的順從，你將自己的願望與需求如祭品般獻在順應社會與他人的祭壇上。

這條格言對於幫助你達成更圓滿的人生有任何助益嗎？按此生活與思考，能讓你更幸福快樂嗎？最後，這項信念是眞的嗎？會不會你其實正在畫地自限並走上歧途呢？

你必須先察覺到這是項信念，之後才能決定自己要不要遵循它，或是應該把它拋到九霄雲外，朝另一個方向走。適時遵循一些古板的教條有時是無所謂的，例如：

- 有意識地刻意避開衝突是完全合理的行爲。
- 有意識地刻意犧牲自己的下班時間，好如期完成一個專案計畫，這也是沒問題的。
- 當你有意識地決定花時間陪伴一個悲傷的人、聽他訴苦，即便你其實沒有這麼多時間，這也是完全可以理解的。

但如果你做出以上這些事情背後的原因是「無法拒絕別人」，而你一點也不想這麼做，做這些事也會造成內心深度挫折的話，就表示這些古板的教條正在帶你誤入歧途。如果你仍舊這麼做，那麼你內心「自動導航系統」所指示的終點絕對不會是美麗的未來，而是掉頭駛回遙遠的過往陳年記憶。

是什麼在操縱你的「導航系統」？

每位即將踏上旅程的人，最好都能事先檢查一下自己的導航系統將帶你到達何處。另一方面，該如何才能發現究竟是哪些古板的教條，在暗地裡操縱你的導航系統？以下是三種你可以嘗試的方法：

一、察覺「永遠」一點都不永遠

請注意你使用的語言。你在什麼時候特別容易以偏概全？你在什麼時候最常想到、甚至說出「每次」「總是」「一直」「從不」「沒有例外」「每一個」「從來沒有人」「沒有半個人」之類的語詞？事實上，生命中沒有哪件事情「總是」一樣。**人生路上，你所遇見的每個情境都不同，所謂的「永遠」其實只存在於你的想像裡**：當你使用前面所提到的字詞時，無疑是試圖將現實用力塞進古板信條的框架裡。

比如你可能會想：「每次都這樣，只要我開口反駁別人，結果都會適得其反。」因此長期下來，你選擇閉嘴，並在腦中想像，要是自己開口反駁的話，會招來怎樣難堪的後果。注意到了嗎？**你在想像！**你並不知道是否眞的會這樣，但你完全放棄去證實它，看看在現實中是否會產生一樣的結果。

只不過因爲以前曾遭遇的一次負面經驗，你便導出一個結論：未來只會和現在一模一樣！你難道會因爲連續三個週日天公都不作美、都下著大雨，而得出「週日一定會下雨——今年、明年、一直到世界末日都是這樣！」的結論嗎？

當你從經驗裡學到，只要你一開口反駁，「總是」會適得其反時，你必須意識到：這不過是個「歷史回顧」。請試著分析一下這些情境：當時的情況如何？你當時反駁的對象誰？當時的你年紀多大、心態上有多成熟？最後，你所謂的「開口反駁卻適得其反」究竟是什麼意思？你如何看待當時最後的結果？

爲了能仔細追蹤、拷問你腦中的古板教條，我們必須動手將它挖出來。以下的練習將對你有所助益。請閱讀下面七個未完成的句子，並將它們完成：

- 每次當我拒絕別人時，我都冒著……的風險。
- 每次都這樣，只要我談了太多自己的事，就會發生……的壞事。
- 一般來說，我不想讓任何人失望，因爲要是這樣的話，就會……
- 頂撞別人對我完全沒有好處，因爲這樣一來，我就會陷入……
- 我不想讓任何人認爲我……
- 身爲一個顧全社會禮儀的人，我認爲自己很理所當然要……
- 面帶微笑對我總是有幫助，因爲……

不論你如何完成這些句子，我都相信它們一定經常在你的人生幫上忙。例如：「面帶微笑對我總是有幫助，因爲這能爲我贏得親切感。」但危險的並不是這個句子，而是那短短的「總是」。爲什麼呢？因爲在某個情境下對你有幫助的行爲，在另一個情境下卻可能成為對你而言有害的行為。舉例來說，同一句開場白，用在聊天的情境和嚴肅的討論裡，效果完全不同。

二、留意所謂的「我應該」陷阱

你腦中是否經常冒出一些句子，通常以「我想我應該……」「我必須……」開頭？你體內是否隱藏著一部審查機關，時時要求你按特定的方式行事？你是否因此逼迫自己更甚，並指使自己去做一些你其實一點也不想做的事？

這種強硬行為的背後，往往是隱藏在潛意識裡的古板信條，像是：「我必須禮讓其他人。」在你該表現出禮儀的時候，這個句子可能會有點用；但如果你正在和其他人競爭，那麼這句話只會讓你無法使出全力，在過程中頻頻踩煞車。也正是這句格言，讓我們接下來要介紹的這位年輕泳將吃盡苦頭。她極具天賦、被視為明日之星，訓練時游出來的秒數也總是令人驚豔；但在大型競賽裡，她的表現卻無法和練習時相同，對手永遠比她早一步到達終點，而且一再發生。到底是什麼阻礙了她，以至於無法全力以赴？

某次她和心理教練進行心態訓練時，答案揭曉了。在她進入催眠狀態時，心理教練問她，她是否真的想在競賽中贏得冠軍時，她居然坦白回答：「不，我不想，因為我不願意看見別人輸掉比賽。」換言之，她在泳池裡「禮讓」了對手，讓別人先馳得點。

直到她意識到大腦裡這個完全不合理的信念後，她才找出了方法，讓自己在競賽中完全釋放，自在地全力以赴，以爭取冠軍。她找到方法，說服自己絕對有權利在體育競賽中擊敗別人，並盡情展現自己的能力。而她努力突破心結的結果，也終於展現在其他人眼前：她成為世界泳壇巨星，共贏得九個歐洲冠軍頭銜，並兩次贏得世界冠軍，還拿下兩屆奧運金牌。我們故事裡的這位主人翁，便是布麗塔．史蒂芬（Britta Steffen）。

你身上是否也隱藏著尚未開發的潛能？在什麼樣情況下，你會拿石頭砸自己的腳，阻礙自己邁向成功呢？又在哪些情況下，儘管你能戰勝外頭的敵人，卻只能被自己內心的敵人推著走？

布麗塔．史蒂芬的例子清楚告訴我們：練習挖掘腦中的「我應該」或「我必須」陷阱絕對值回票價。請以輕鬆的心情回答以下問題，這些練習能幫助你挖掘出有害的信念。

- 你必須做什麼，別人才會喜歡你？
- 當別人請你幫忙的時候，你認為你該如何反應？
- 在什麼情況下，或是對哪些人，你認為你永遠不能說「不」？
- 在什麼情況下，你必須在糟糕的競爭中勉強擠出禮貌的微笑？

- 你認爲自己必須做些什麼，主管才會肯定你的表現並幫你加薪升職？
- 你認爲自己必須做些什麼，才能維持和同事之間良好的關係？
- 在一段伴侶關係裡，你認爲你一定要犧牲的是什麼？
- 你認爲在一段朋友關係裡，什麼你是絕對不能做的事？

請你再次閱讀自己的答案並自問：這和你內心的想法一致嗎？在所有狀況中，你所寫下來的反應是否都切合實際？還是說，你腦袋裡的想法已經被某些古板的教條綁架了？如果是，那些古板的教條是什麼？舉例來說，假設爲了讓主管肯定你的表現並幫你加薪升職，你認爲自己必須「努力、乖巧且辛勤地工作」，那麼在大腦背後操縱你的古板教條很可能就是：「天下沒有白吃的午餐！」

三、小心「親情的呼喚」

爲了你好，父母及身邊的長輩總希望你能在長大成人後，變成一個「有教養、懂規矩的人」。從童年起，你長期受到他們的影響，不論是大人們告訴你的信念、意見或所謂的人生智慧，全部錯綜纏繞在一起。這個社會化的過程無疑爲你的思考模式留下深遠的影響。其影響之深，簡直就像我們（的思考）被關在一個由過去行爲所建造的房間裡似的。

最讓我印象深刻的一個例子，是身爲公車駕駛的亞克柏．胥泊。亞克柏的父親簡直就像一部行動詞典，不論亞克柏處在人生的哪一種情境裡，他父親都有辦法引用一句相配的諺語。這些諺語通常源於常見的俚語、俗語，或是他自己的想法。以下列舉一些我覺得相當有趣的例子，或許你會覺得這些教條相當似曾相識：

最後的，將成為最先的；最先的，將成為最後的。	
男兒有淚不輕彈。	
囂張沒有落魄的久。	
上帝關上了一扇門，必為你打開另一扇窗。	
雙鳥在林，不如一鳥在手。	
一笑解千愁。	
天下沒有白吃的午餐。	
期望越高，跌得越重。	
驕兵必敗。	

表1　常見的信念
先苦後樂。
吉人之辭寡，躁人之辭多。
貪心不足蛇吞象。

現在輪到你了：請在以上這十二個句子旁邊的空格寫下「1」到「12」的數字，數字越大，代表這個句子越常在你的人生中出現。例如評分「12」的句子，就是你腦袋裡最常想到的句子；而評分「1」的句子，則是和你最不相關、最不引起共鳴的句子。請在完成上述評分後，再閱讀接下來的篇章。

我們來看看你給出前三高分（也就是10、11、12分）的句子，這意味著它們最能讓你產生共鳴。請你仔細想想，這些信念通常會在什麼情況下出現在腦中？接著，請你想像自己回到童年時期：在你周遭的環境裡，誰曾說過類似的話，或誰深受這項信念影響？

10分的句子：＿＿＿＿＿＿曾說過類似的話，或態度和這句話很接近。

11分的句子：＿＿＿＿＿＿曾說過類似的話，或態度和這句話很接近。

12分的句子：＿＿＿＿＿＿曾說過類似的話，或態度和這句話很接近。

當我請亞克柏為上面的句子評分時，他的最高分給了「貪心不足蛇吞象」，分數次高的句子則是「驕兵必敗」。亞克柏來找我諮詢的原因，是因為他的主管連續兩次在轉調內勤部門的升等考核時直接略過了他。但亞克柏明明是個出色的員工、傑出的駕駛；他對公司事務瞭若指掌，在業務執行上，全公司上下也沒有任何人比他更出色。

以往他都把升遷失敗怪罪於主管：為什麼主管就是不肯定他的能力呢？然而這次他選擇問自己：「難不成問題出在我身上嗎？」他承認，在公司運作上，他甚少有任何機會能發揮影響力，尤其是在公開場合中，例如業務會議，他通常會非常收斂並保持安靜。這種行為正好顯示出他仍沒有足夠的資格可以勝任經理人的角色。

隨著思考此事的時間越來越長，他也越來越清楚：自己暗地裡擔心，想爭取管理職的行為，很可能會危害到現在的工作（貪心不足蛇吞象）。又或者，儘管他有望加薪升職，但又很可能被人從高高的雲端上推下來（驕兵必敗）。很顯然，亞克柏渴望公司的提拔賞識，一如同過去的布麗塔．史蒂芬，也渴望贏得所有比賽，但他內心深處有個東西阻礙著他。

你要知道的是，你心中默默秉持的信念，會展現出不可思議的力量：它能發揮影響力，讓某些事情發生或不發生在你的生命裡。信念往往會在你尚未察覺時便「實現」了你的人生。以下舉幾個我在諮詢時看過的例子：

- 馬麗昂的人生完全受這項信念左右：「天助自助者。」恰巧的是，她又剛好都和會劈腿的男人交往。對方要不就是劈腿，要不就是最後都離開了她。
- 伍偉深信不疑的信念是：「我必須向別人證明我是個好人，否則其他人就會認爲我是個笨蛋。」不意外的，他總是遇到會將他利用殆盡，然後還笑他愚蠢的人（但他根本不是這樣的人）。
- 卡琳的人生受這項信念左右：「一個眞正善良的人，會原諒所有的事情。」結果怎麼著？卡琳身邊充滿了各種親朋好友，讓她整天忙著應付「沒有最誇張，只有更誇張」的過分要求。

每項信念都會將相關的事物拉進你的現實世界裡。看看卡琳，正因爲她相信「不管任何事情都可以被原諒」，當然會吸引一票完全不知羞恥的人在身邊，因爲所有人都知道，不論什麼事，卡琳都會答應幫忙。情況之所以會變成這樣，背後的原因是整個環境的系統性交互作用。就像整條街上的珠寶店都裝了精密複雜的防盜設備，卻只有一家珠寶店什麼都沒裝。想當然耳，每次倒楣遭小偷的，都是這家店。不清不楚的界線就是會引來喜歡侵門踏戶的人。一個相信自己必須有所用處，別人才會喜歡他的人，結果就只會引來想利用他的人。

請想想你在成長過程中最常聽見的信念、教條及諺語，並請將這些句子與你身邊的人做出連結：

- 父親常說：＿＿＿＿＿＿＿＿
- 母親常說：＿＿＿＿＿＿＿＿
- 祖父／外公常說：＿＿＿＿＿＿
- 祖母／外婆常說：＿＿＿＿＿＿
- 幼兒園老師常說：＿＿＿＿＿＿
- 小學老師們常說：＿＿＿＿＿＿
- 某某某常說：＿＿＿＿＿＿＿

現在，請問問自己：以上有哪些句子（不知不覺中）深印在你腦海中，並大幅影響你的行爲？你在哪些情境下會想到這些句子？

目前爲止的人生裡，你認爲這些信念在什麼情況下給了你相當大的協助？又在什麼情況下成爲你的絆腳石？

人生中最重要的「安全認證」

假如一輛車的煞車壞了，你還會開著它進行長途旅行嗎？當然不會！一輛車的煞車功能一定要正常，否則這趟旅程未免也太危險。

車子誠然如此，人生不也一樣嗎？然而我們卻允許自己在整趟人生旅程中配備著「失能」（dysfunctional）的信念前行；而這也就是心理學家所說、有礙我們達成人生目標的「破壞性思考」。這麼舉例好了，假設我們駕駛一輛汽車，正走在人生旅途上，卻從來沒察覺這輛車有哪裡不對勁。直到我們開進死胡同裡，才開始思考：爲什麼分配給我的任務都是我不喜歡的？爲什麼其他的人總是忽略我的需求？爲什麼大家都認爲我隨時隨地有空幫忙，還全年無休？——以及另一種情況：爲什麼我能在練習場上拿冠軍，可是一旦到了正式比賽，卻永遠敬陪末座？

眞正的汽車與人生旅途的汽車最根本的差別在於，車子每年都得去監理站驗車，看看功能是不是仍然正常。同樣的，你也應該對自己的所有想法進行一樣的年度檢查，仔細評估在過去的經驗裡，哪些信念能有效地幫助你前進，而哪些信念只會一再扯你後腿。在你的日常生活中，哪一項信念讓你不斷失能？哪一項信念讓你總是搬石頭砸自己的腳？又是哪一項信念阻礙了你感覺幸福與滿意？

現在請將你在前面練習裡寫下來的信念一一拿到陽光下檢視，並使用以下六個問題來反覆推敲與分解（我會舉三個例子，好讓你知道該如何進行）：

我的個人信念：

一、有什麼例子能證明這項信念絕對正確嗎？

二、這項信念是正確的嗎：不論在任何情境、時間、情緒下都是這樣嗎？還是可能有例外？

三、有沒有誰的想法和我徹底相反，或以完全不同的方式處理相同情境，卻還是十分成功？

四、有沒有什麼理由可用來反對這項信念？

五、我所奉行的這項信念背後，有沒有什麼迷思？

六、如果我可以擺脫這項信念，人生的哪個部分會過得比較輕鬆或變得更好呢？

請各位按照這個模式，一起看看接下來的三個範例。我相信在許多人的生命裡，這三項信念都曾有舉足輕重的影響力：

範例一：只要能力所及，我就必須幫忙別人！

一、有什麼例子能證明這項信念絕對正確嗎？

如果有人深陷危急情況中，比如出車禍，而我正好就是肇事者的話，那麼這項信念就是適用的。因爲根據相關法律規定，肇事者的確有救助傷者的義務。除非法律規定，否則在所有其他情況下，這項信念都是錯的：因爲世界上沒有任何人能強迫我一定得去幫助別人，更別說強制要我二十四小時隨時待命。我應該能視情況決定自己是不是要幫忙。

二、這項信念是正確的嗎：不論在任何情境、時間、情緒下都是這樣嗎？還是可能有例外？

在許多情況下，這項信念完全說不通，比如在工作上就不適用。老闆付我薪水又不是爲了要我幫助別人，而是要我把工作做好。如果遵守這項信念，那我反而會因爲花太多時間幫忙別人，導致沒時間做我的工作，這甚至有可能害我被炒魷魚。

三、有沒有誰的想法和我徹底相反，或以完全不同的方式處理相同情境，卻還是十分成功？

多數成功的人，在騰出手拉別人一把前，會先打點好自己所需要的一切。饒富經驗的教育學者們也持同樣的看法，我們應該避免太快對需要保護的人伸出援手。原因在於，大多數的人只有在自己經歷過後才能習得經驗。假設我今天一見到別人有困難，就立刻伸手幫忙，儘管對方可以因此而避免受傷，但我也剝奪了他成長與學習的機會。

四、有沒有什麼理由可用來反對這項信念？

我的能力有限。如果我每天都忙著到處幫別人的忙，很快的，我就會因爲筋疲力盡而無法再提供任何援助，尤其是因疲累而最需要幫忙的我自己。除此之外，我這種熱心助人的行爲，不啻是在吸引所有無法獨立工作及懶惰的人找上門——大家都會想：只要拜託一下「小天使」，問題很快就能解決，那我幹麼自己動手？更甚者，當個「永遠的小幫手」只會降低我的個人價值。永遠有空幫別人，就像是在說「我沒有需求」「我沒事要做」；更最糟糕的是，會顯得我沒必要去爭取自己想要的職位。

五、我所奉行的這項信念背後，有沒有什麼迷思？

第一個迷思：只要我不幫助別人，我就是差勁的人。

第二個迷思：只要我一直提供別人協助，就可以因此贏得好名聲。

第三個迷思：只有持續幫助或關心別人，我在別人眼裡才有價值。只要我一開始顧自己的事，我就不再是個有價值的人。

六、如果我可以擺脫這項信念，人生的哪個部分會過得比較輕鬆或變得更好呢？

如果可以擺脫這項信念的話，良心不安的感覺就可以減少。現在的我常覺得自己對任何事都有責任，卻也無法認同這些要求我負責的事情真的應該由我扛。要是能擺脫這項信念，我相信自己會感到更自由，也會有更多力氣來關心自己。要是能擺脫這項信念，我一定能獲得更多成就，也會有更強的能力，可以更有效、更有目標地幫助別人——而不是像澆花一樣，把我僅有的一點力氣胡亂灑給所有人。

讓我們看看下一項信念。它也是在許多前來向我求助的善良人們腦中，一直縈繞不去的信念。

範例二：我不該一直以自己為中心，覺得自己很重要

一、有什麼例子能證明這項信念絕對正確嗎？

沒有，我的需求才是一直以來讓我能好好活著的原因。飢餓的訊號提醒我應該進食；口渴的訊號提醒我應該喝水。如果身體傳來的訊號很重要，那麼內心所傳來的訊號也一樣很重要。舉例來說，我需要時間獨處，因此必須拒絕其他的邀約。我必須將自己擺在第一位，我必須以自己爲中心，因爲只有如此，我才能保持身體和心理上的健康。

二、這項信念是正確的嗎：不論在任何情境、時間、情緒下都是這樣嗎？還是可能有例外？

假如今天我坐在薪資談判的會議裡，我就必須重視自己和我的利益，並以此爲中心；如果不這樣做，我就只能被別人牽著鼻子走。如果我在會議中抓住了發言的機會，我必須以自己的需求爲出發點，否則沒有人會認眞聽我的意見。如果今天我有小孩必須養育，更要以我爲中心，否則孩子們將變成小霸王，不知分寸。

三、有沒有誰的想法和我徹底相反，或以完全不同的方式處理相同情境，卻還是十分成功？

當然有！我就見過一名年輕男性，把他的每項工作都包裝成什麼艱鉅的行動，不但認爲自己所做的事非常重要，也覺得自己是不可或缺、無可替代的角色。可能和他這麼做有關吧，前幾週他才剛被提名爲小組負責人。

四、有沒有什麼理由可用來反對這項信念？

如果我不把自己當成一回事，那麼其他人也理所當然地不會把我當一回事。除此之外，我必須誠實地說：每次當別人不尊重我的功勞，甚至將我的貢獻貶爲理所當然的時候，我都會覺得非常失望。我其實認爲自己非常重要，甚至超乎我願意承認的程度。這種想法與這項信念簡直完全牴觸。

五、我所奉行的這項信念背後，有沒有什麼迷思？

第一個迷思：要是我開口爭取某個職位，其他人就會指指點點，說我自以爲是。

第二個迷思：要是我開口爭取某個職位，我就會搶走其他人的資源。

第三個迷思：如果我成了鎂光燈的焦點，我一定沒辦法忍受衆人的目光。

六、如果我可以擺脫這項信念，人生的哪個部分會過得比較輕鬆或變得更好呢？

如果沒有這項信念，我就能更毫無保留、理直氣壯地堅持「我有我的需求」，而且它們需要被滿足。我在心理上會覺得更輕鬆一些，這能讓我更專心地為自己爭取；拒絕別人無理的要求時，也比較不會有壓力。除此之外，我也不用再被動等待別人給我肯定和獎勵（還得看他們心情好不好），而是可以直接開口問其他人，對我的績效與貢獻有何想法。

接下來還有最後一項信念，這也是來找我的善良人們很常提及的一項信念。

範例三：我不能老是抱怨一些微不足道的小事

一、有什麼例子能證明這項信念絕對正確嗎？

事實上，沒有人禁止我抱怨任何事情。我什麼時候以及為什麼想抱怨，都是可以自己決定的。這世界上也沒有任何標準規定什麼是「微不足道的小事」，而什麼才能叫做「大事」。這點我完全可以按照我自己的主觀判斷來決定。

二、這項信念是正確的嗎：不論在任何情境、時間、情緒下都是這樣嗎？還是可能有例外？

大多數情況下，我認爲我的抱怨是必要的：只有眞的出了聲，才能和別人畫清界線。舉例來說，如果超市的收銀員找錢時少給了我一枚銅板，這雖然是一件「微不足道的小事」，但是如果我什麼也不說，下回他可能就會少找我兩枚銅板；一個禮拜過後，可能就會直接少找我一張紙鈔。正是我對「微不足道」小事的抱怨，才消除了別人利用我的機會。在這方面，不論在私生活或工作上都是相同的。

三、有沒有誰的想法和我徹底相反，或以完全不同的方式處理相同情境，卻還是十分成功？

許多人或許都聽過，也認同這句話：「會吵的孩子有糖吃。」最近我在一家餐廳用餐時，觀察到一位女士頻頻對服務生抱怨「魚上面的鹽太多了」。最後的結果是什麼呢？她成功地讓當晚同桌的友人們都獲得一杯餐廳招待的免費飲料。她的抱怨爲她贏得了餐廳尊重的對待。

四、有沒有什麼理由可用來反對這項信念？

我將自己的需求解釋成「微不足道的小事」，是個相當不明智的行爲。我有權利認眞看待自己的需求，也應該爲了捍衛自己的需求，甘冒與別人起衝突的風險。我越是避免與人發生衝突，就越無法獲得處理衝突的能力。

五、我所奉行的這項信念背後，有沒有什麼迷思？

第一個迷思：我覺得自己沒有權利要求些什麼。

第二個迷思：我覺得如果我能按捺住性子的話，就能顯出我的「親切且友善」。

第三個迷思：我不是很會處理衝突的人，偏偏說出自己的抱怨正是最容易引戰的。

六、如果我可以擺脫這項信念，人生的哪個部分會過得比較輕鬆或變得更好呢？

假如我能擺脫這項信念，我就能更勇敢且眞心地大方表示自己對事情的觀感。我不用再戰戰兢兢地進行自我審查，也不需要字斟句酌，而能坦蕩蕩地說出什麼事情令我不快。如此一來，我認爲自己的行爲和語氣也會變得更眞心誠意；當然，別人也會更認眞嚴肅地看待我的需求。

上面列出的這些信念是否讓你覺得似曾相識？在你讀過針對每一項信念所做出的六個題目後，你有什麼感覺呢？你覺得這些理智的剖析，對於減低善良人們對信念的依賴，能發揮多大作用呢？

最後，請將這組問題套用在你的所有信念上。在進行六個問題的檢驗後，你得到了什麼結果？請你問問自己：我爲這項信念所付出的代價值得嗎？還是說，要是沒了這項信念，我的人生有可能更輕鬆、更美好？

想拋棄一項舊信念，並不像丟掉舊衣服那樣簡單，因爲這些信念根深蒂固地盤踞在我們的大腦裡與身體裡。儘管如此，你依然有足夠的能力可擺脫它們。你所要做的，就是用一項新的信念——一項在現實生活中眞正有意義的信念來取代它們。

我愛我的想法！

每天早上，你爲自己選好今天要穿的衣服，接著走到鏡子前，仔細打量自己，確認這套衣服穿在身上是否合適。你也許會左右調整一下襯衫或毛衣，好讓它們看來更能襯托自己的身形。對於外表，你檢查得如此仔細，那麼內心呢？**你是否也會在每天早上決定自己要帶著什麼樣的想法過一天？或者帶著你那未經證實與檢驗的信念全世界到處跑呢？**

每次踏出家門時，我們絕對都很清楚自己穿著什麼衣服；但對於我們大腦裡的信念，似乎就不是那麼確定。人生裡充滿許多一再重複的情境，每個情境都會誘導你一再重複舊有的行爲模式。若你以某項隱而未顯的信念爲餌食，那麼每當同樣的情況出現時，這套信念便會默默啓動相應的行爲模式。

我們有辦法成功打破這套自動導航系統嗎？答案是肯定的。想像一下，你身邊有一位信念檢查員，他整天都帶著一部相機跟著你，不管你做什麼，他都在一旁記錄。你的每個行爲、你所做的每個決定，他都會提問：**在你的行爲與決定背後，是否隱藏著任何信念？**

這個信念檢查員的思考小遊戲，能幫助你以兩個不同的觀點來查看自己所處的情境：一是從內心的觀點，就如同一名追隨者；另一個則是從外在觀點，就如同一名（中立）的觀察者。這個外在客觀的觀點能讓你像導演般觀察自己：你可以對自己的表現保持一段適當的安全距離，並站在較遠處來評判、改善自己的表現，如此一來，便不會被自己的內在觀點所局限。

請在情況發生的同時問自己以下問題：**這位信念檢查員會如何從外在觀點看待你目前的處境？**請試著在視線範圍內選出一個顯眼的物體，做爲這位信念檢查員的替身。舉例來說，如果你平時不是個習慣戴手表的人，這時你可以選擇戴上一隻表。每回當你低頭看表，就可以提醒自己：「哎呀，差點忘了，我今天可是和信念檢查員一起出門的。」

舉個實際例子讓大家更容易理解。

請想像一下這個情境：下午，你家的門鈴大作，聽得出來，按電鈴的人一副十萬火急的樣子。你那位充滿活力的鄰居正恭恭敬敬地站在你家門前，並希望你無論如何都要把烤肉爐借給她。但事實上，今天晚上你有個尚未完全確認的計畫，就是你也想跟幾個朋友在家裡烤肉，只是還沒打電話問大家——這不過是你今晚活動的其中一個備案而已。這時候，你會如何回答鄰居呢？

許多善良的人在遇到這個情況時會這麼想：當然會借啊！我可以把自己的烤肉小聚會延到明天晚上，又不是什麼大不了的事。而且要是我不借的話，人家會怎麼想我啊？

就在這時候，你或許低頭看了一眼手上的表，想起你隨身攜帶的信念檢查員，並在內心自問：剛剛是否有哪項信念在背後偷偷誘導我？這項信念是否幫上了我的忙？或是只有扯我後腿？我要讓這項信念代替我下指令嗎？還是說，我最好把這套思考模式換一換？

類似這樣的檢查可以在電光石火的萬分之一秒內就執行完畢，接著你就能依照短暫的反思來做出回應，而不是每次都用膝反射來回答。或許你會在自我檢查時發現這項信念：

「只要能力所及，我就必須幫忙別人！」

如果在暗地裡操縱你的就是它，你認為該怎麼做才能成功擺脫它，並替換成更適合你的信念呢？最簡單的方法，其實是在這項信念跳出來擺布你之前，你便先發覺自己的思考受到這條信念的控制，並在事前準備好一項可用來取代它的信念。

請用以下這些問題逐一檢查你所有的信念：

- 不這樣想的話，我該怎麼想比較好？
- 我該怎麼想，才能更專注於我自己的利益和價值？
- 有沒有哪項信念能幫助我，讓我往後再面對這些情況時，心裡會比較舒坦一些？

從這幾個認知面向出發，可以幫助你找出新的信念——按照你的意志和意願所挑選，並非隨意選出。舉例來說，某位女性就為「只要能力所及，我必須幫忙別人！」找到了三項替代信念：

一、只在我真的想要，也願意幫忙，且不危害自身利益的情況下才幫忙別人。

二、我絕不會幫助那些其實有能力幫助自己的人，因為這只會讓他們變得更弱小。

三、我只幫助那些曾幫過我（或是會幫助我）的人。凡是想利用我的人，我一概拒絕。

假設你現在決定自己的新信念是「只在不危害自身利益」的前提下幫助他人，這麼一來，你可以大方地對鄰居說出你腦中眞實的想法：

「一般情況下，我當然很樂意把烤肉爐借你。只是很不巧的，我今天可能也會跟朋友們一起烤肉，所以我現在還沒辦法決定是不是可以借你；不過我最晚會在下午六點前告訴你，我們到底是要自己用，或是可以借你。」

心口一致的信念可以保護你自己，不被信念操弄。事實上，科學家曾進行相關實驗，證明一個人要拒絕「舉手之勞」其實是相當困難的事。在為了實驗而設計的「募款」活動上，我們可以看到：募款人員只需要說出「只要少少的零錢，就能幫上許多人的忙」之類的話，就能讓整體捐款金額增加至少二．五倍。

這項實驗結果顯示，捐款人心裡未必眞的想捐獻。儘管募款者所要求的金額對捐款人而言相當微薄，但眞正讓他們掏錢的，是勸募者所製造無比巨大的道德壓力。同樣的效果也能發揮在這樣的情境裡：你的主管對你說：「只要你能加個幾分鐘的班，就能幫上很大的忙！」或是同事對你說：「只要你借我幾塊錢，對我來說就是幫大忙了！」

接著，我們來試試前面提出來的新信念，看看它們是否能幫助你抵抗各方的操縱。事實上，所謂的「正直」，就是你所說出的話和現實相符。正直能帶來「知行合一」的協調感，而這將會讓你感到無比震驚。秉持正直原則所說出來的話語，不但不會冒犯別人，反而會讓對方尊敬你。

讓我們一起爲更多舊有信念想出新的替代語句吧：

我不該一直以自己爲中心，覺得自己很重要。

三項替代信念：

一、我當然有權利以自己爲中心，來設想所有事情——只有先把自己擺在第一位，別人才會看重我。

二、雖然我以自己爲出發點來設想所有事情，但我並不自以爲是、自視甚高，只是單純顯示出自己本來的模樣而已。

三、我尊重自己，也尊重自己的需求。唯有如此，我才能眞誠地尊重他人的需求。

我不能老是抱怨一些微不足道的小事。

三項替代信念：

一、有事情困擾我的時候，我有權利說出來。

二、當我勇敢表達自己的不滿後，得到眞正需求的機會就能大大提高。

三、每個可以抱怨的機會，對我來說都是一個練習表達自信的免費機會。

請逐一仔細檢查你的每項信念，並爲它們各找出三項替代信念。請在日常生活中進行這項練習，並找出哪一項替代信念對於守護自己的利益最有幫助。一旦選定新的信念，就請大聲給它讚美與肯定，就像要誓言與它互許終生般。隨著成功以新信念取代舊信念的次數增加，舊信念便會逐漸被你拋諸腦後。只要經過足夠的練習，你的行爲便不會再永遠善良，取而代之的，是更爲正直。

檢測你是否「人太好」 公然說謊的學員

情境：

我每年都會爲想成爲職涯顧問的人舉辦年度培訓課程，時間多在週末。這個梯次的試聽課程即將告一段落，我望著在場每個人心滿意足的臉龐，每位與會者離開時，都斬釘截鐵地說會繼續報名上課，好成爲一名職涯顧問——除了麥能女士。活動結束後，她是最後一個離開現場的，而她的一番話著實讓我感到驚訝：「我想，除非你願意給我最優惠的價格，否則我不會參加全部課程！我聽到其他人說，他從你這裡得到了很便宜的優惠價，我也想要這個優惠。」

這段話讓我當場感覺十分被冒犯。首先，沒有任何人在這門課得到任何優惠價格。但我應該如何回答才好？該婉轉有禮地打發她，還是直接拒絕呢？

練習：

如果是你，你會怎麼做呢？

我的反應：

當下，我決定要畫清界線。於是我告訴她：「我可以向你保證，所有學員要支付的課程費用都是一樣的；不僅如此，過去參加過這門課的人，也都付了同樣的價格。如果你懷疑這門課程是否值得付全額價格來參與的話，那麼我的建議是你應該中斷——畢竟它看起來不太適合你。」麥能女士的語氣立刻緩和許多，並聲稱這一切或許都是個「誤會」。

回顧：

我認爲自己寶刀未老，我的反應就如同過去一樣正直。

麥能女士使出她慣用的心理小把戲，試探我是否會屈服。我該示弱並讓麥能女士得逞，或是我該拒絕呢？我能在這個情境下成功且即時畫清界線，是因爲我問心無愧，並在當下立刻以全體參與者的名義告訴她，所有人都繳了相同的學費。即使是透明清楚的稜角，也可以用相當善意的方式展現出來。

結論：

麥能女士最後修習完所有課程，也一直對我保持相當尊敬的態度。我心裡很清楚這分尊敬從何而來！

善良的陷阱：

同樣的，我當時可以，而且也有意願以親切有禮的方式來爲自己辯護：「我無法向你解釋，爲什麼會有人告訴你這種不實消息。不論如何，這件事絕對不可能發生。」但如果我這樣回應，那麼我就犯了錯，並掉入善良的陷阱裡：因爲我從來就不需要爲自己辯解些什麼——該辯解的人是她！

我學到的教訓：

往後如果有人再來測試你的底線，請・大・聲・回・嘴！給這些人一次清楚的教訓，就不會有人敢再犯第二次，而你也會從此得到應有的尊重。

PART

2

好人，給自己一個機會吧！

第 5 章

贏得尊重：這樣做，人人都會認真看待你

在這一章，你會學到：

☑你無法得到足夠尊重的真正原因。

☑為何大多數人都害怕升職？

☑五種方法，讓你贏得意想不到的尊重。

☑兩匹狼的戰爭和你的自尊有何關聯？

你眞的被當一回事嗎？

主管腳上鋥亮的皮鞋用力踏了一下地板，並生氣地對你喊道：「請你放尊重點！」大概是你粗魯的語調激怒了主管。但很顯然，不論主管要求什麼，大概都會無疾而終，因爲一個必須開口要求別人尊重他的人，早就失去了別人的敬重。這麼說好了，假如你借錢給別人，你可以要求別人返還，因爲那是別人欠你的；但尊重這種東西，是無法要求別人還給你的，因爲沒有人欠你。

話又說回來，你確實有機會能獲得來自各方的尊重。你要做的，便是展現出自己的人格特質、畫清界線，並放心追隨內心關於個人價值的指引。

你有多受周遭人們的敬重？意思是，你在別人眼裡究竟有幾斤重？下面這項小測驗能幫助你揭露眞相。請閱讀以下幾個問題，在你覺得最適合自己的句子底下打勾，並計算數量。請以平常心進行即可。

表2　尊重度測驗

題目	
我認為自己已獲得足夠的景仰與聲望。	
一般來說，其他人對我都相當推崇備至。	
不論我開口說些什麼，都能立刻得到身邊人們無比的注意力。	
經常有人徵求我的意見，這些意見在他人做決定時也相當舉足輕重。	
其他人相當認真看待我的需求。	
一般來說，很少會發生別人對我做出過分要求，或試圖在談判時占我便宜的情況。	
幾乎沒人會對我大小聲，或以無理放肆的態度對待我。	
一般來說，我很少會被分配到其他人都不願意做的任務。	
即便我偶爾並未達成別人的期望，但其他人對我的尊重依舊不減。	
身旁的人都很信任我，並願意把困難的任務交付給我。	
就算我拒絕別人，一般而言仍會被接受，不會產生太多爭執。	
既便我偶爾狀況不佳，其他人依舊會體諒我。	

測驗結果：

11～12個：你的聲望顯然很不錯，衆人對你懷有相當高的尊重，而這一切全都是你的個性使然。身邊的人都相當珍惜你、很認眞看待你的意見，同時也很認眞對待你的需求。幾乎沒有人會試圖對你做出過分、不尋常的要求，或試圖左右你的想法，好達成他的目的。

9～10個：在絕大多數情況下，你是受到大家尊重的，大家也相當認眞看待你這個人。不過在某些情況下，你偶爾會表現得太過善良，也因此遭到別人輕視。

6～8個：雖然你偶爾能得到別人的敬重，不過這種情況並不是很常發生。別人不把你當一回事的情況很常見，也常認爲你是個善良的好人，因此並不重視你的需求。有時大家會刻意忽略你的意見，或是儘管你有意見，其他人也不怎麼仔細聽。

4～5個：你已完全深陷善良的牢籠。顯然對你而言，有人尊重你的意見才叫例外。較常發生的情況是別人將莫名其妙的任務甩給你，或乾脆在做決定時直接繞過你，連事先知會都免了。

0～3個：你從別人身上得到的那點微薄尊重根本不值一提。在工作上，你經常受人逼迫、遭人忽略，也從不被別人認眞看待。不過很顯然的，你有堅強的決心想改變這個狀況——否則你根本不會找到這本書。

兩匹狼的搏鬥

這晚，一名印地安長老與他的長子坐在篝火旁，兩人頭上是一片一望無際、閃爍著星光的漆黑夜空。遠處，不知道從哪裡傳來一陣陣郊狼的夜嚎。這名年輕人先前曾對父親抱怨過好幾次，說部落裡的頭目不怎麼尊重他。他一直想知道原因究竟是什麼。

長老拿出自己的菸斗，在月光下呼出一個個小煙圈，煙圈輕柔緩緩地朝著天空升去。過了一會兒，長老回答道：「我的兒子，我們每個人心中都住著兩匹互鬥的狼。其中一隻是惡狼，牠能嗅出你那搖擺不定的自我懷疑和你內心的膽小怯懦，也能嗅出你的恐懼與害怕，並知道你不相信自己。另一隻狼則是頭好狼。牠能嗅出你的偉大與才華，也能嗅出你的勇氣，知道你尊重自己；即便身處劣勢，依舊珍愛自己。這兩匹狼啊，一頭惡狼和一頭好狼，牠們日日夜夜、永無止盡地互相搏鬥著。」

年輕人幾乎不敢出聲，不敢問出他心中最重要的那個問題。儘管如此，他仍給自己壯足了膽子：「父親，那麼在我身體裡，哪一隻狼會贏呢？」

父親望著遠方的星空，久久不發一語。最後他回答道：**「那隻，你不停餵養的狼。」**

我們心裡日夜所想的事情，最終都會成爲現實。外在世界——也就是我們所生活的眞實世界，不過是內心的一面鏡子：

- 一個不斷朝著自我懷疑靠近的人，其他人也會開始懷疑他。
- 一個老是惦記著自卑之處的人，其他人也會感受到他的卑微。
- 一個對自己沒有信心的人，其他人也不會對他有信心。

這項認知其實相當殘酷，因爲你無法將責任推卸到旁人身上。至今爲止，所有發生在你身上的事情，都是因爲你自己。反過來看，對這項認知有所體悟，不啻是個大好機會。

- 請開始多尊重自己一點，唯有這樣，你才能贏得更多尊重。
- 請開始改正自己的行爲，好讓自己更有價值，唯有這樣，其他人才會感受到你的價值。
- 請開始給自己更多信任，唯有這樣，其他人才會更信任你。

關於你心裡的那兩匹狼，你最常餵養的是哪一隻？是那隻自強自信的狼嗎？你是否嚴肅認眞地看待自己的需求？你對自己是否抱持著正面心態？你夠信任自己嗎？即便處境艱難也依然如此嗎？

或者，你最常餵養的是那隻自我懷疑的狼？你常試圖說服自己，你的需求不重要嗎？你常認為自己很差勁嗎？你常在內心責罵自己，並對自己說「看看你又幹了什麼蠢事！」之類的句子嗎？

缺乏自尊會令人難受。第1章提過的美國心理學家布蘭登就曾寫道：「在我的認知法庭裡，只有一個人的判決算數：我的。我的自尊（……）就是主宰法庭的法官，沒有什麼能逃得過他的法眼。我能躲避那些發現我過往羞愧事蹟的人，卻無法躲開我自己。」負面的自我形象能在世界裡產生迴響。以下是幾個我在諮詢時遇到的例子：

- 一位銷售人員認為自己總是被老闆無視：每次有重要的任務時，都直接交給其他同事，而不是他。老闆為什麼對他的能力和工作品質視若無睹呢？
- 一位健身教練認為顧客對她總是相當無禮：只要健身房的機器出了些什麼小問題，她就會受到客戶的人身攻擊。為什麼大家都選擇把氣出在她身上呢？
- 一位單親爸爸在學校的家長日飽受老師責備，變成縮成一團的烏龜，因為他那十二歲的兒子常常在學校惹麻煩。為什麼只有他得遭遇這種攻擊呢？
- 一位正在企業實習的學生，非常想在暑假時與同為企業實習生的好友度假。但她的休假計畫與願望卻直接被公司主管忽視。爲什麼主管這麼不重視她的需求呢？

有時候，當客戶做完本章開頭的尊重度測驗（表2）並看到測驗結果的當下，甚至會表現出鬆了一口氣的樣子：「我大概猜得到結果是這樣。我就知道沒人把我當一回事！」聽起來就像是在控訴什麼似的。

你也是這樣嗎？做完測驗後，你也會對周遭的人如此怒不可遏嗎？我很能理解這種反應，這是因爲所有人都嚮往並渴望肯定與尊重。但請你一定要記住：你無法要求別人尊重你，這東西你只能靠自己贏得。

當測驗講解結束時，我喜歡爲客戶準備一項驚喜：我將尊重度測驗再次擺在他們面前，只不過現在的題目不再繞著別人打轉，而是針對「自我形象」。請詳讀表3的問題，並在你認爲符合自己情況的句子底下打勾：

我尊重自己的人格與品行，並給予自己足夠的關注。	
在日常生活中，我相當認同且珍惜自己的貢獻。	
我相信自己的信念，並會為它們辯護。	
影響我做決定最大的因素，是自己的感受和意願（而非別人的意願）。	

我認真看待自己的願望與需求，並努力地為它們發聲。	
我很少會過分要求自己什麼事情，也很少要求自己忍受什麼。	
我很少在內心咒罵自己，也很少在心裡貶低自己的價值。	
我不會接受任何人因為不想做而丟給我的工作。	
即便沒有達到自己的目標，依舊不減我的價值。	
我相信自己能勝任困難的任務與挑戰。	
我可以接受自己想要的不見得和別人期待的相同（即便別人都期待我達成這項目標）。	
我能坦率地接受人生偶有失敗與不如意，並允許自己表現出來。	

表3　自尊度測驗

你的測驗結果如何呢？跟「尊重度測驗」相比是否滿意得多？雖然我很希望你對能自尊度測驗的結果感到滿意，卻不希望你沉迷其中。因爲根據我親眼見證過的成千上百次測驗結果，我很清楚：尊重度與自尊度測驗其實息息相關，且互爲因果。換句話說，一個對自己不夠尊重與自信的人，也很難贏得別人的尊重；就好比一個春天不好好播種的農夫，在秋收季節也只會得到一片荒蕪歉收的農田一樣。相反的，那些能自尊自愛的人們，最終則能不必諂媚與討好，就獲得衆人的尊敬。

你或許對此感到不以爲然：「可是世界上就是有那種行爲舉止惡劣的地痞流氓，他們不論如何都會以輕蔑無禮的態度對待別人，不是嗎？」請好好回想一下任何你曾見過的類似場景，並誠實地問問自己：流氓眞的會對所有的人都如此肆無忌憚和無禮嗎？還是只有對你？流氓眞的會毫無差別地攻擊每一個人嗎？還是說，他們其實仍對某些特定人物保持著相當程度的尊敬，對其他人則不然？

其他人的行爲，不過就是反映出你的行爲與你投射出來的形象而已。我們再來重新看看前面舉過的例子：

- 那位被老闆忽略的銷售人員，內心深處其實對自己的能力與績效感到懷疑。正因爲如此，他的內心總像是戴著一副防護罩似的。
- 那位總是被客戶人身攻擊的健身教練，爲了讓所有顧客都覺得她親切可人有禮貌，於是將自己變成健身中心裡所有錯誤的受氣包與替罪羊。
- 那位因兒子的不良行爲而在家長日遭到老師訓斥的單親爸爸，時常覺得自己沒有能力爲兒子辯護些什麼——很顯然的，他內心的感覺早已投射到現實世界裡。
- 那位被主管無視了年假安排的企業實習生，在得知主管的行爲後，居然報以靦腆的微笑。難怪她的休假願望一點也不被主管當眞。

內心的自尊不足，會如實反映於外在世界。假如你也覺得其他人不夠尊重你，我得說，那其實和你是否尊重自己有關。但我的言下之意其實是：你完全有權利改變這種情況！如果你能更尊重自己，就能讓外在世界的人們更尊重你；換句話說，你能透過內心的轉變來影響其他人的行爲。

對升職的恐懼

「我搞砸了！」身爲客戶顧問的艾妃．葉蒂茲大聲咒罵著。她剛剛錯過了人生中難得一見的大好機會。

就在剛剛的員工績效會談裡，主管告訴她，在新的年度裡，公司會再新增兩個客戶顧問小組。主管褒揚她今年對公司的貢獻，也強調了客戶對她的正面回饋，並隨即宣布明年她將有機會升任其中一個小組的組長。

「我當時的感覺就像被雷打到一樣。」葉蒂茲這樣描述。「我就這樣呆坐在椅子上，一聲也吭不出來。直到我的主管問我：『你看起來好像沒有特別開心的樣子？』」

結果她竟然脫口而出，說主管實在高估她了，她還沒準備好當上小組長，也還沒有坐上這個職位的能力。口頭上說說也就算了，葉蒂茲更卯足全力舉出各式各樣足以佐證的例子，包含她自認無法負荷現在的工作量。

「那麼你的主管有何反應呢？」我問道。

「他當然是先試圖說服我，並釐清我的疑慮和考量。他的意思是，我有這種感覺很正常。許多人一開始都會覺得升職是個超困難的挑戰，簡直就跟越級打怪一樣。我應該先回家休息一晚，好好考慮一下再決定。」

「那麼你照做了嗎？」

「很可惜沒有。我的感覺就像有人把超重的大型登山背包綁在我背上，壓得我直接跪在地上。我覺得我一定要當下就讓他直接死了這條心，所以我對主管說，我根本是這個職位最差勁、最錯誤的人選。」

葉蒂茲最終說服了她的主管：主管接受了她的婉拒。

這段與主管的談話大約發生在葉蒂茲首次踏進諮詢室的六個月前。後來獲得擢升的果然不是葉蒂茲，而是一位年紀更輕的女同事，且這位年輕女孩顯然完全有自信能做好這個管理職的工作。

「這個小女生的經驗不但比我少，溝通技巧也很明顯比我差得多。」葉蒂茲悠悠說著。這六個月裡，她曾嘗試再找主管談話，想告訴主管她現在準備好了。不過主管婉轉地讓她理解：首先，目前部門裡沒有新的管理職缺，其次則是：「假如不久的將來還有其他升職的機會，我們必須再看看你是不是足夠勝任。」

事情很清楚：六個月前認定葉蒂茲有能力勝任管理職的主管，六個月後對整件事已經有了完全不同的看法。因爲葉蒂茲的缺乏自信，讓她的主管現在也對她抱持相同的懷疑。

在許多善良人們心中，這個坐在高級扶手椅上的想像圖顯然有相當負面的印象。善良的人會這樣想：「要是我當了主管，我就得嚴厲地執行許多措施，但我並不想這樣。我並不想批評部屬，也不想警告他們，當然更不想當那個解僱他們的人——如果眞的要我這麼做，我一定會良心不安到睡不著覺。」

以德國爲例，職場上善良人士的比例確實很高：根據波士頓顧問公司的調查顯示，在德國，只有七％的受僱者表示，希望能在未來五年內取得管理職。從其他各國的調查結果來看，德國應該是比例最低的。在中國，這項調查的結果爲四七％；換句話說，幾乎是德國的七倍之多。

如果你可以升上更高階的職位，你腦中會浮現出什麼想法呢？身爲善良的人，你可以從兩個觀點來檢視這件事：你可以將「本性善良」這個特徵視爲絆腳石，意即你腦中的信念會是：「我的個性實在不夠強硬到足以勝任管理職。」

從另一個角度來看，你也能將善良的性格視爲成功經理人的必備要素：「正因爲我很能同理別人，才更有助於我成爲一名出色的主管。」舉例來說，你可以這樣想：「這眞是一個絕佳的機會，我終於能把工作環境變得更和善，更促進互助合作。身爲管理階層的我，絕對有責任培養並提攜員工，同時也能確保讓大家的薪資分配更公平。就算是給予批評，他們也會感激我不至於把人罵個狗血淋頭——因爲我不但會把事情說明得很清楚，態度也會比其他主管更親切和善。」

要做到這一點，先決條件是擁有高度自信。問題是：該如何才能提升自信呢？增強自信的好方法之一就是肯定——對自己信心喊話，說出能加強自信和自我鼓勵的話語。越是經常對自己說這樣的話，這些句子就越容易滲入你的潛意識。

至於肯定的效果究竟有多神奇，我們可以從孩童身上看到——他們常常很自然地使用這種方式來鼓舞自己，以成功達到目的。以我自己爲例，前面提過我對家裡那個拿來放馬鈴薯的幽暗地下室無比恐懼。每當媽媽叫我去地下室拿馬鈴薯的時候，我就會一邊走一邊大聲唱著《兩隻老虎》，還一邊默念：「我很勇敢，我很勇敢。沒問題，沒問題！」大聲唱歌就是一種能分散注意力的方式，讓我不至於專注於恐懼。有過幾次成功經驗後，我的恐懼消失了，再也不需要唱著歌走進地下室，因爲我已經把「勇敢」深深植入腦中。

大家不妨試試看：請在每晚睡前對自己念出以下的句子，聲音越清楚越堅定越好。

善良好人的肯定加強句：

①我是獨一無二的，幾千年來都未曾有類似的人出現過，從今以後也不會有能與我相提並論的人。
②我是一個非常有價值的人。
③我相當享受且喜愛這短暫的人生。
④能自在地做我自己，是無比開心的事。
⑤我以自己爲傲。
⑥我愛我的一切，包括全身上下所有的優點與缺點。
⑦我絕對值得幸福快樂。
⑧爲了我的幸福與快樂，我會勇敢地從生活中獲得所有必要的條件。
⑨我認眞看待自己的需求。
⑩我非常清楚什麼對我有益，別人的意見不會影響我。

⑪我坦率地展現出自己是誰，我認爲其他人也應該看見眞正的我。
⑫我心口一致，只說自己眞正的想法，我認爲其他人也應該聽見我眞正的想法。
⑬我拒絕所有不喜歡的事物，即便其他人對此有不同的期望。
⑭沒有人是完美的，我也一樣，而且我選擇接受它。
⑮我不會強迫自己去迎合別人。
⑯我能從衝突中成長，並學習如何面對它。
⑰不是每個人都一定要喜歡我，只要我喜歡我自己就夠了。
⑱我相當善於感受，並體會其他人的需求。
⑲我也相當善於感受並認知到自己的需求。
⑳我努力讓自己過得好，因爲唯有如此，我才有能力幫助別人。
㉑我與他人畫清界線，唯有如此，我的生活才能擁有安全自在的空間。
㉒我的生活方式，就是專注在自我成長並讓自己感受到愉悅。
㉓我仔細傾聽內心的聲音，並且尊重自己的感受。
㉔我能在批評他人的同時，也確保對方不因此受傷。
㉕我能拒絕別人的請求，但同時不讓他人因此覺得受到侮辱。
㉖即便如此，若仍有人因此覺得受傷，那麼這便與他個人的感受有關，而我能接受這

個差距。

㉗我能寬容地原諒別人。
㉘我能寬容地原諒自己。
㉙我相信我能成就偉大的事情，因爲我相信自己。
㉚因爲我相信自己，因此我能成就偉大的事情。

也許一開始你會覺得不舒服、不自在，覺得要對自己說這些話很奇怪，但還是請你至少持續練習三十天。儘管肯定練習呈現在每個人身上的效果不盡相同，但在我二十多年的顧問經驗中，還沒看過誰在持續練習數週後，連一點自信都完全沒增加。

有少數人在練習過後並不覺得自己有什麼顯著的不同，甚至認爲這個練習只是浪費時間。但接下來，開始有人對他們感到好奇：「嘿，你看起來很不一樣，感覺一掃陰霾的樣子……你做了什麼，還是發生了什麼改變嗎？」又或是發現大家突然間會來徵詢自己的意見，而且這些人過去對他可是一點也不感興趣。甚至有些人在進行過肯定練習後，迎來了令人驚喜的工作機會。

想像一下，你的潛意識就如同一片深不可測的海洋，而肯定練習就像朝海裡投入許多小小的石頭。一開始，這些石頭無聲無息地沒入水面，得花很多時間才會抵達海底。然而一旦它們到達海底，就會停留在那裡、慢慢堆疊起來，並開始改變整個海底的結構。

爲了更能朗朗上口，進行肯定練習時，不妨將前面的語句改成你認爲更通順的句子，也可以加入更適合個人處境的句子。我們可以從幾個面向來思考如何增減語句：你最大的挑戰是什麼？你想得到管理職嗎？你想在私人生活中獲得更大的獨處空間？你希望能更輕鬆地拒絕別人的請求？統統沒有問題，請將這些句子轉換成「我」這個第一人稱的句子，這將能幫助你更有效地加強自己的願望。請在每晚睡覺前，對自己朗誦這些句子。

在葉蒂茲的案例裡，她最後寫下了八個句子，全都包含了同樣的訊息：「我是一位相當出色的主管。」日復一日，她每晚會反覆對自己說出這些肯定句。剛開始，她還沒感覺到有什麼不同，但過了差不多一個月左右，她突然有了再次去找主管談話的勇氣。

在這次談話中，她感受到一股自己從未感覺過的力量。「我毫不懼怕，我從未對自己想做的事情有如此清晰明白的感受。」在諮詢室裡，她不可置信地告訴我這項轉變。她不再是以前那個可憐巴巴、努力想升官的卑微求職者，取而代之的，這次她讓主管明白了解她決定要成爲一名主管的願望，而且「最好就在這家公司」。

很顯然的，這次她的主管聽懂了弦外之音：若無法在這家公司獲得主管職，她只好去其他地方找了，而這位主管並不想因此失去表現最優秀的員工。因此，不過三個月之後，主管就特別替葉蒂茲在公司裡擠出了一個管理職；而葉蒂茲也不負期望，直到今天仍坐在這個位子上，不但成功，且十分得心應手。

贏得尊重的五種方法

在你心中，什麼比較重要？是一份好薪水？還是在工作上獲得同事的尊重？一項來自「尊重調查公司」（RespectResearchGroup）的研究顯示，多數人認為，在工作上獲得同事的尊重比較重要，而這項訴求更在所有員工訴求中高居第二名，僅次於「具有挑戰性的工作」。我確信這項研究所得出的結果絕對也適用於私人生活：對於全世界的所有小孩而言，來自父母的敬重絕對遠比他們所給的零用錢還重要。

「尊重」（respect）源於拉丁文的「respicio」，原義是「看顧」「檢視」。若將「看顧」這個詞拆開來看：有人看向我們，我們因此被他看見、重視並顧慮。換句話說，尊重的反義不是鄙視，而是忽視：善良的人就是這樣，經常被周圍的人視若無睹，甚至直接被忽略掉了。近來有位求助者向我抱怨了這樣的情況：

- 我記得大家的生日，就連遠房親戚的生日都沒忘。可是這些人裡，卻只有不到一半的人記得在我的生日，並向我祝賀！
- 我想原本跟同事訴個苦、聊聊關於在子女教養上遇到的問題——雖然每次她跟我抱怨時，我都會全神貫注地傾聽，但沒想到她卻很明顯露出一副對我的問題絲毫不感興趣的樣子。
- 在公司時，只要在走廊上遇到其他人，我一定都會有禮貌地打招呼。但這些人每次在走廊上遇到我的時候，卻總是把我當空氣，視而不見。

假設你每給予別人一次尊重，就是從內心的存款簿裡提領出一筆數字，那麼當你提領的數字大過收入時，便算是情緒破產了。從這個觀點來看，收支之間的平衡，也就是尊重與被尊重之間的平衡其實無比重要。

健康的自尊能吸引你身邊的人給予你同等的尊重。以下是五個能引來他人尊重的行爲準則，能幫助你持續保持內心帳戶的收支平衡，並能處於盈餘狀態：

一、表明立場，而非試圖讓所有人滿意

許多善心人都有一項共同的嗜好：讀心術。他們在說出自己的意見之前，心裡就會先自問：「如果我這樣說的話，不知道其他人會怎樣看我？」「其他人比較想聽什麼想法呢？」因此這群善良的人選擇說出「他們猜測別人想聽到」的意見，而不是自己感覺到和想說的意見。

想贏得別人的敬重，並不是用這種方式。首先，你應該表明立場。請立刻停止思想上的自我審查，並直接說出現在從你腦中蹦出來的想法，即便別人不見得喜歡。重要的是，當你眞心誠意地說出並支持自己的想法時，你的語氣自然就會顯得強而有力。

讀到這裡，你或許會這樣想：「等等，但其他人的想法很可能跟我不一樣，說不定我會因此惹惱別人，那該怎麼辦？」就算眞的發生這種情況好了，你也絕對有權利惹怒他人。你必須認清這點：你只需要對自己的想法負責，至於它所引發的反應，並不是你的責任範圍。此外，就算眞的有人認爲你的意見不對，但通常會有更多人在心裡爲你叫好：「終於有人敢說出來了！」

立場和論點明確的人，最後往往都能獲得衆人的景仰。許多能在階級嚴明的公司裡一步一步往上晉升的人，都是擁有清晰意見與觀點的人，而你只會聽見其他人在背後悄聲肯定對方：「這人總是有話直說，言行一致。」

二、為自己的需求發聲，而非期待別人讀懂你的心

在諮詢過程中，我經常聽到善良的人們這樣說：「可是我老闆應該要看見我……」接下來請自行填上任何你想要的東西，例如：

- 我的努力值得好好加薪。
- 我工作得比其他同事還要勤勞。
- 我的休假計畫每次都被大家忽略。
- 這次該輪到我升職了。
- 我的專案需要更多人手來分擔工作量。

現在我必須要不客氣地挑明了說——就像告訴那位最近來到我這裡的過勞廣告業務員一樣：「或許吧。但就算老闆看見了，那你又希望他能怎樣？」這位業務員如此回答：「那……那老闆可以來找我啊，並問我他能怎樣減輕我的工作量。」

「這麼說來，你認爲觀察你的工作量，並減輕到健康且能負荷的程度，是你老闆的責任，而不是你自己？」

這位業務員驚訝地好一陣子說不出話來。「我有責任，但我老闆也有責任。」

「那麼按照你的理解，誰的責任比較大？是你老闆，還是你自己？」

「但他是我老闆啊！我總不能越俎代庖，自以爲能負起這種管理階層要負的責任。」

「要是你老闆也說：『身爲老闆，我總不能替員工決定他們能承受多少工作吧。』你認爲老闆有幾分道理？」

「這樣……聽起來老闆的想法也是對的，但是……這個……呃。」

「我們這樣假設好了，因爲你終於受不了過多的工作，所以去找老闆談，打算告訴他你的情況，並對老闆提出明確的要求……」

「但這樣做的話，我就處於劣勢了，因爲這表示我有求於他……」

「你可以這樣看：你自己開口要求老闆減輕你的工作量，不但證明了你的勇氣，還強調了需求的急迫性。反正你不會有什麼損失，頂多就是沒得到需要的幫助；但開口要求而能獲得什麼的機率卻很高，尤其是能獲得老闆對你的尊重。」

爲了讓這位業務員更理解我的觀點，我用意象來協助他：「就像足球比賽一樣。你可以選擇站在定位，然後大聲抱怨『都沒有人要跟我玩』；或者你也可以去追球，然後漂亮地射門得分。第一種情況是你把責任推給了別人；第二種情況，則是你自己承擔起責任。這通常不是什麼舒服的事情，卻是最有效的方式。」

最後，這位業務員鼓起了勇氣，像個爲己身利益辯護的律師般找老闆談話。結果各位知道老闆是怎麼回答的嗎：「我早就在想，你一個人到底是怎麼辦到的，居然能做完所有事情？」

誰都沒想到，他想減輕工作量的願望，竟獲得主管高舉雙手贊成的回應！

當你有求於別人（譬如主管）的時候，你較常採取的行爲模式是哪一種？你也希望別人能猜到你的心思嗎？還是你會勇敢地說出自己的意見，好讓對方明白你的意圖？當事情發展不如己願時，你會躲在自己的小隔間裡碎念抱怨嗎？

如果你也有相同的困擾，那麼我建議你：「請像鬥牛士一樣，與公牛正面對決。」請直接說出自己的需求。雖然不保證你的每個要求總能很快如願，但可以確定的是，一個能明確說出需求的人，絕對比一個什麼事都往肚子裡吞的人更有機會實現願望。當然，除此之外，你還能贏得他人對你的尊重。

三、拒絕一切過分的要求，而非咬牙答應

「你能幫我個忙嗎？」善良的人被這樣問道。

「可以啊。」善良的人不假思索地回答。

說白了，這回答的意思是：我不是很想幫你，但我還是勉強答應了吧。所以善良的人勉強自己幫鄰居看家、幫公司籌辦家庭日，或是在大半夜裡聽同事的愛情煩惱，當起免費愛情諮商師，然後又心不甘情不願地接待一名冒昧的不速之客免費到家裡度假。

這就是我最近遇到的案例：身爲老闆祕書的克莉絲汀．楊。來自德國北部的克莉絲汀某次去希臘度假時，認識了來自斯圖加特的女學生克菈菈。這種「異鄉遇同鄉」的機緣，讓相差三十多歲的兩人立刻成爲好友，並約好回國後要互相拜訪。對克莉絲汀而言，這個約定是個善意的謊言，未必會成眞。然而她回國後還不到兩週，就接到了電話：克菈菈問，她能不能在兩週後去拜訪？她正想去漢堡玩幾天，也打算拜訪一些以前的好友。克莉絲汀雖然覺得這個要求太過唐突且強人所難，但卻決定衝動一次，就這樣答應了克菈菈的來訪。

這個決定的後果是這樣的：晚上，克菈菈占據客廳的沙發當成睡床，早晨起床後則享用豐盛的早餐，而且完全沒有出一毛錢買任何食物。接著，一整天消失無蹤，白天全部的

時間都拿去見她的舊時好友。一直到深夜、差不多要睡覺了，才回到克莉絲汀家過夜。

克莉絲汀覺得自己的善意被利用了，但又卻不敢說些什麼，只是支支吾吾地暗示著：「嘿，我們根本還沒有機會好好聊聊呢。」但她家中的訪客聽到後，卻對此完全沒有反應。

克菈菈原本只說要待三天，但最後這趟拜訪卻延長到一整個禮拜。當克莉絲汀終於送走了訪客後，她內心深深覺得鬆了口氣，沒想到這位訪客居然語出驚人地告訴她：「我在你這裡過得相當舒服自在，我一定還會再來拜訪！」

只爲了展現善良而慷自己之慨，對你不但一丁點好處也沒有，也沒有幫上其他人的忙。戲劇大師蕭伯納的名言將這個道理解釋得最爲精準：

「當你開始決定爲所愛的人犧牲你所有的一切，你就注定了自己最終將憎恨這些你爲之犧牲的人們。」

這個道理不只能用在一般的人際關係，也能用在家族關係上。在克莉絲汀．楊的案例裡，她不只一次錯過可以保護自己並贏得對方尊重的機會。舉例來說，她大可以在對方提出過夜的要求時直接回覆：「我很開心可以和你見面，但說實話，我並沒有多餘的地方可以借你住。」除此之外，即便住宿之事已成定局，她仍能把握機會畫清自己的界線：「我發現，你幾乎都和其他人在一起，卻一點時間也沒有留給我們兩個。現在我覺得，我對你而言不過就是過夜用的旅店而已。這樣讓我很不舒服，所以我想請你……」

一個能清楚表達自己立場的人，必定能證明自己值得尊重，這正是因爲他相當重視也認眞地看待自己的需求。在與人交際的過程中，這樣清楚透明的立場正是人際關係中的勝利，因爲這同時能讓他人產生對你的尊重。當然，克菈菈聽到你表明立場時，絕對不會太開心，但她會接受這一點。這正是你整個行爲的重點：你不需要被所有人喜愛，但你可以被其他人接受並尊重。

四、自己主動出擊，而非等待別人提議

善良好心的人爲什麼經常遭到忽略？最常見的原因便是他們並不主動做些什麼事，而是跟著大家一起做事。這是一項很重要的區別。

我們舉個例子來解釋：有人出了個主意，想邀請大家一起去郊遊。這人想了想，決定了出遊的地點和時間，接著打電話給朋友們，說服其他人接受提議。不論這次出遊的品質如何，他的行爲就是能爲他贏得同儕的敬重，因爲他做的事比原本需要做的更多，而且還願意承擔風險——當他計畫與撥打電話的時候，他並不知道其他人是否有時間，也不知道

其他人會不會喜歡他選定的出遊地點。這就是他甘冒的風險。

如果是你，你會在上述故事裡扮演什麼角色：是那個先提主意的人嗎？你甘願冒著被別人拒絕的風險嗎？或者你會是那個跟隨的人，即便出遊的目的地沒那麼吸引你也一樣？

當你越常採取主動、越常先下手爲強，你就越能贏得別人的敬重。請思考一下，不論在日常生活或在工作領域裡，有哪些小小的反擊和風險是你認爲自己可以開始試著承擔的？以下讓我舉一些例子做爲參考：

- 請不要等主管來問你是否願意接手有挑戰性的專案；反之，請主動向主管請教，並說明你有意願接手更具挑戰性的案子。
- 請試著撰寫一封讀者投書，討論你有興趣的主題，或試著在網路上以本名發布幾則機智的評論。
- 如果有哪位朋友是你長久以來一直想見卻未能遂行的，請計畫一場與這位朋友的約會。例如，你可以建議在見面時討論一個特定的主題，或是討論一本有趣的書。
- 請想想你最近是否曾遇到哪個討厭你的人，請勇敢地去找他，並開誠布公地與他討論這件事，坐下來談談可以如何化解彼此的誤會。
- 在職場上，請不要等大家都安排完年假計畫後，才說出你自己的計畫。請在一開始就抓緊時間說，表示你「想要」並「已經」計畫好在今年的哪個時間放假。

- 請讓主管明白，你在接下來的幾週沒辦法加班（請在主管要求你加班前就先提出來）。

只要往前邁出一步，就能讓你變得比以前更強大、在團體裡更有存在感。或許你現在也感到躍躍欲試，想發起其他的活動。請將浮現在你腦中的點子寫下來，並規畫完成或執行日期。

五、練習接受他人的批評，而非迴避衝突

賣場經理保羅·諾爾確實對店內一位女性員工的行爲感到惱怒：總是肆無忌憚且大聲地在店內的展示空間用手機講私人電話——公司甚至明文規定不允許員工在顧客視線所及範圍內講電話。

諾爾已多次試著以嚴厲的責備目光提醒對方，好讓她能約束自己失態的行爲，卻始終徒勞無功。在部門會議中，他也明白地說道：「在店裡，我們必須全神貫注地爲顧客服務，除此之外，沒有其他該做的事！」對保羅而言，這已經是很明白的暗示了，但對方顯然不覺得這是在說她。保羅沒有勇氣直接找她個別談話。他心想，這種在顧客面前講私人

電話的情況會自然而然消失；或許她的小孩病了，所以無法等到休息時間才接聽電話？

直到半年後的某一天，諾爾終於按捺不住地大發雷霆：「現在就把電話給我掛了！不准在顧客面前講私人電話！」他當面斥責這位店員。但對方很顯然一點都不打算心虛檢討，反而直接反駁：「我完全不能理解你現在的反應！你從來沒糾正我三不五時在工作時間講電話，爲什麼今天突然不行？」這位店員的聲調完全反映出，她對這位經理的威嚴有多不屑一顧。

你是否也覺得這個場景似曾相識？即便其他人的行爲讓你相當困擾，你卻隻字不提，壓抑內心的不滿？隨著時間拉長，你沮喪的程度也不斷升高；直到有一天你再也受不了，一股怒氣瞬間爆發，直接對其他人大吼咆哮？這種爆發性的怒氣將折損你的尊嚴，因爲一時之間的過度激烈反應，與當下的情境往往顯得格格不入。

唯有提早並適時給予批評與建議，清楚明白地表達出你的不滿，才能替你贏得聲望。馬歇爾．盧森堡在《非暴力溝通》一書中提出的溝通模式，能有效地以四個步驟來達到明確溝通的效果：

步驟一：我的觀察（不帶任何評論）

請描述自己的觀察，且不帶任何控訴。簡單來說：你看到了什麼？

「我注意到，你今天上午在店內的展示空間裡講了兩次私人電話，其中一次甚至還有顧客在場。」

步驟二：我的感受

請描述當你觀察到這些事情時，內心的感受：

「我注意到自己對你這樣的行爲感到相當生氣，因爲這已經違反了公司的規定，而且很可能會激怒顧客。」

步驟三：我的需求

請說出你需要的東西；換言之，說出你的需求：

「對我而言，在賣場裡，將全副心力放在顧客和工作上，是一件非常重要的事，因爲我們必須隨時隨地準備好回應並服務客人。因此我相當在意，也相當注重公司的規定，也就是你必須和其他同事一樣，不該在顧客視線範圍所及的地方講私人電話。」

步驟四：我的請求

接著，請根據上述的論點，清楚說出你的請求：

「我必須要求你，從今以後，請利用中午休息時間講私人電話，也請嚴格遵守必須在後方休息區講電話的規定，不准發生在賣場裡。」

盧森堡的非暴力溝通和一般溝通究竟有何差別，爲什麼能有這麼強的功效？原因就是它完全捨棄溝通中「控訴」的部分。此外，非暴力溝通所傳送出的訊息，皆是以第一人稱「我」的角度出發，並說出個人主觀的觀察及需求。這四個溝通步驟能幫助你練習如何給予他人批評，但又不會傷害到他人的感受，而且還能贏得他人對你的尊重。

反過來看，你該如何應對別人給你的批評呢？請想像一下，今天有位親戚這樣責罵你：「我覺得你故意找藉口不去參加你叔叔的生日派對，這眞的很不像話。你知道叔叔有多期待你來參加嗎？總之，你現在不像以前那麼勤快地出席家族聚會了。」

以這個情境爲例，就我過往的諮詢經驗來說，善良人們最常犯的錯誤有兩個：

- 一是這項批評正中你的弱點，就跟被人用榔頭敲了一記一樣，你的自信心當衆碎成萬片，散落在衆人眼前。爲了保住顏面，你結結巴巴地擠出一句「我很抱歉」，接著便再也無法說出些什麼條理清楚的話來替自己辯護。
- 二是你急忙接上話，試圖附和批評你的人，一副你甚至更期待他再給你幾個嚴厲批判似的：「我知道，我知道，我應該要去的。我一直很良心不安地責備自己，因爲……」

不論是哪一種，上述兩種反應都會折損你在他人心中的可敬度。在第一種錯誤反應裡，你輕易讓自尊被別人的評判摧毀。在第二種錯誤反應裡，你主動貶低自己，卑躬屈膝地迎合攻擊你的人，這種行爲形同邀請他對你再發動一輪攻擊；但自我控訴只會吸引其他人擅自指責你而已。

面對他人的不實指控，該如何面對這樣的批評，才能顯得獨立且能有自信地捍衛自己的意見？我建議各位依以下的四個步驟做出反應：

步驟一：向對方的回應致謝

不論你是否認同對方提出的回應，先感謝再說：

「謝謝你，這麼誠實地與我分享你對我行爲所留下的印象。我很開心你這麼信任我，我也非常珍惜你對我這麼坦白。」

步驟二：表達你的理解

關於對方的批評，請在這個步驟澄清你對此理解與同意的程度。你可以用「一方面」

和「另一方面」的句型來陳述：

「一方面，我可以理解你在慶生派對上有些想念我；畢竟歷年來，我幾乎從未缺席家庭聚會。」

步驟三：指出你個人的動機及需求

接著，請反駁對方的意見。這裡可用剛剛已經暗示過的另一半句型「另一方面」。你可以順著語氣說出自己對於批評有多大程度的不同意：

「但另一方面，我也需要足夠的休息時間。最近的工作對我來說相當具有挑戰性。在這種情況下，如果我的腦袋都想著工作，就無法撥出空閒去享受派對。我認爲，直接拒絕參加叔叔的慶生派對，絕對比我雖然勉強自己去了，卻在現場心不在焉來得好。」

步驟四：以同理心加強自己的立場

請向對方強調並表明，你認爲自己的信念與決定是正確的，而且對方並不需要理解你的決定：

「換成是你，你或許會做出不一樣的決定。我完全贊同也理解你的決定。但反過來說，我也希望你能尊重我的決定。」

不論是誰，收到像這樣的回答，我相信他都會在心裡默默對你脫帽致敬：你不僅沒有被對方的批評牽著鼻子走，反而能彬彬有禮地以令人敬重的方式正面處理。

只有在唯一一種情況下，你應該避免使用這樣的反應模式：那就是當批評有憑有據，也站得住腳的時候。在這種情況下，你唯有坦然承擔失誤、不加任何粉飾地向對方道歉，才能贏得別人的敬重：「你說的完全有道理。在這種情況下，我的確不該有這樣的行為。我會從這次的錯誤裡學到教訓，以後不會再……」

檢測你是否「人太好」

企圖占便宜的狡猾傢伙

情境：

有一年，波羅的海某間著名的旅館邀我去演講。主辦單位的活動企畫經理對著我畫大餅，說當地報紙的頭條報導已經留給我了，還會替我安排在湖畔旅館的豪華客房住宿一晚，卻隻字不提到演講的酬勞，只提到當晚的與會者都會捐出收入做為慈善活動。

我很樂意參與這樣的社會公益活動，於是欣然答應邀約。直到我出發前一刻，我才赫然發現：對方不但沒打算支付演講費，就連車馬費也不打算報銷。電話的另一頭，那位經理只是不停在對話中穿插一長串名人的名字，還說大家都一樣，不領取任何費用或酬勞，千里迢迢來參加活動。他還說：「我對您的著作相當熟悉——至少您和其他與會的嘉賓一樣，熱愛慈善公益。」

當下我固然很想支持對方的好意與公益活動，也不想因此顯得自己小氣又吝嗇。但難道我就該白白提供一場演講，還順便倒貼交通費用嗎？這一切是不是公益過了頭？

練習：

如果是你，你會怎麼做呢？

我的反應：

即便不領酬勞，我仍願意出席演講；但要我自己倒貼交通費用，就太過強人所難了。我告訴這位經理：「如果是爲了公益慈善，我相當樂意捐款。只不過在我看來，能從整場活動中獲得利益的，只有貴旅館而已：您將得到當地新聞大篇幅的正面報導，還能藉著這場活動吸引更多人前來入住。在這樣的前提下，您還不願意支付我的車馬費，那我只好選擇退出了。」

我的反應將這位經理嚇得說不出話來。但從他回話的語氣裡，我已能感受到他對我的尊重度提高了許多。想必他沒有料到會有人這樣回應吧。

回顧：

至今我仍認爲，我得到車馬費報銷後，便答應演講是個錯誤的決定。任何人若要享受我的服務、使用我的名聲，就需要付出相應的價格。有時我的確會捐出一部分演講酬勞做爲公益，但這應該完全由我自行決定，而不是由一位活動企畫經理——一間旅館——換句話說，連個公益慈善團體都不是的東西來替我做主張！

像這樣一個一毛錢也不願意付出，卻如此慷別人之慨、來替自己贏得慈善美譽的事情，若是發生在今天的我身上，我絕對連考慮都不會考慮，一口回絕。

結論：

這位經理瞄準我投身慈善公益活動的特點，對我施加道德壓力。當他對我說出「至少您和其他與會的嘉賓一樣，熱愛慈善公益」時，他無疑是拐個彎告訴我：

「你要是不肯免費出席的話，你實際上就是個愛錢如命的僞君子。」

善良的陷阱：

當時的我相當害怕，自己要是拒絕的話，就會像是個冷血的自私自利者，一個認爲自己的酬勞比任何公益目的都還重要的傢伙。但與此同時，我卻幾乎沒有發現，相較於我的掙扎，這位經理的行爲比我更加無恥。

我學到的教訓：

當你的慈善行爲對自己一點也不慈善的時候，千萬別認爲自己必須這麼做。只有發自內心，且其他人也需要你的幫助時，這種行爲才值得稱爲公益，也才有公衆說服力。

第 6 章

設立界線，不再被壓榨

在這一章，你會學到：

☑你散發出了哪些祕密信號，正暗自鼓勵別人前來侵害你的權益？

☑面對寡廉鮮恥的主管，你該如何讓他明白你的界線？

☑當有人故意忽視你或不仔細聽你說話時，該怎麼做才好？

☑該如何守護你的「個人價值觀草地」？

你忘了釘圍欄嗎？

請想像一下，某天你為自己買了一塊偌大的土地，是一片一望無際的草地，正前方有一條由清澈的山泉水匯流而成的天然小河。你買下它的時節正好是夏天，因此你相當雀躍地計畫著，要在兩棵大樹中間安裝吊床，這樣就可以一整天在那裡發呆了。一個完全屬於自己的地方，屬於自己的寧靜與安詳。

然而當你開車前往你所買下的土地時，放眼所見卻是各式各樣的人們盤踞在你的草地上。就在你清澈的天然小河旁，泳客在絢爛陽光下打著盹；小孩在兩棵大樹間歡快地踢著足球；一群退休老人在一旁練習深蹲健身操；不遠的地方更有幾個年輕人正拿出手機、連上藍牙音響，緊接著便播放起震耳欲聾的饒舌音樂。

「好吧，」你心裡想著，「畢竟我也才剛把這塊地買下來而已，搞不好這些人多年來都已經習慣在這裡休息玩耍了。很顯然大家需要一點時間適應，或許過不了多久，大家就會移到河的另一邊去了。」

一週過去了，你再次開車到那塊土地去查看。結果一切如舊：你的所有地上擠滿了許多人，和你所期望的寧靜角落根本差得遠了。情況就這樣持續了一個月，直到你垂頭喪氣地對自己說：「這些人根本就不尊重我的土地所有權！」

讀到這裡，我們有兩個問題需要釐清：

- 你認爲，這些人爲什麼會跑到這塊草地上來休息，即便他們知道這塊草地並不屬於他們？
- 你認爲，你該做些什麼，好阻止這些隨意在草地上休息的人進入呢？

人們越界的主因很明顯：沒人知道這塊土地屬於你，當然也就沒有任何顧忌，想來就來。此外，一塊不知道屬於誰的土地，也會讓大家理所當然地認爲它屬於所有人。

如果你想改變這個狀況，必須做到三件事：

- 你必須向全世界公告，你是這片土地的所有權人；換句話說，就是要立一塊牌子。
- 你必須清楚地畫出土地所有權的界線；換句話說，你得圍個柵欄。
- 你必須在危急情況下，也就是當你的土地上有闖入者時捍衛它。

現在請你想像一下：某天清晨，你在天色仍矇矓時突襲你買下的那片草地，並用榔頭和釘子在樹上釘了一塊告示牌，昭告天下你就是這塊土地的所有人。然而到了下午，你發現仍有一大半遊客對那塊告示牌不予理會，零散地在你的土地上休息著。很顯然，光靠一塊告示牌不足以把所有人請出你的土地。

於是你決定，要用圍欄把你的領地圍起來。這下子成功率提高了許多：圍了柵欄後，你又來勘查了一下，草地上幾乎沒有人了，剩下的人不到一隻手就能數得出來。他們爬過圍牆，並在河岸邊的草地納著涼。

如果你不驅逐這幾個擅自闖入的不速之客，你認為之後會發生什麼事呢？他們會在一段時間後突然覺得良心不安、自行離去嗎？不，並不會。假如你不反抗，你現在所容忍的一切，就會吸引來更多的仿效者：用不了多久，就會有越來越多人翻過圍欄、闖入你的土地；或是有人想到更好的主意：在你的圍欄上挖一個洞。接著，湧向那片草地的人潮，就會跟以前一樣多。

從這個例子，我們可確認一件事：領地的所有人，只有在標示出持有人、以圍欄畫清界線，並捍衛這塊土地的情況下，才能確保自己的領地不再被不請自來的人們闖入。同樣的道理也適用於你生活中的領地：

- 與人相處時，你是否替自己掛上清楚明白的告示牌，定義出自己的界線在哪裡嗎？

舉例來說：是否所有和你相約見面的人都知道，你無法（一而再，再而三）忍受別人遲到嗎？又或者，儘管這個踰越界線的人讓你相當生氣，但你卻未如情境裡的「河岸草地」一樣，掛上適當的告示牌給予警告「請注意守時！」嗎？

- 爲了保護自己的利益，你設置了圍欄，但這圍欄是否太高，以至於沒有人能看清楚裡面究竟有什麼？換句話說，你是否曾明確告知那位因遲到而令你生氣的人「下次請務必準時。不準時的話，我就直接回家了」？
- 除此之外，你是否已準備好，要把每個翻牆過來的人趕出牆外？換句話說，如果有人眞的把你晾在那裡、讓你白白地等，你是否眞能如自己所說的打道回府？而且對方若再與你相約，你至少會先拒絕他一陣子？只有做到最後的這幾個步驟，才能顯示出你對界線有多堅定不移。

或許你會擔心，這麼多界線會讓你看起來太具攻擊性又難相處。若眞的如此，那才是好的現象！你就是要齜牙咧嘴地展現攻擊性，別人才會尊重你的要求。但你必須確保自己的攻擊性都是正面的——你的行爲不能傷害到別人，而是要符合你所要求的合理目標；畢竟爲自己的需求發聲，不僅合情合理，也是自然再不過的事。

辦公室的入侵者

假設你每天都會用進辦公室後的第一個小時，安安靜靜地做些需要專注力的工作。但今天你人還沒走到位子上，就有位同事殺過來，說他只是想問「一個簡短」的問題——這位同事本來就很常找你問東問西的。說時遲那時快，你的電話響起了，上頭顯示的分機號碼正好是你的主管——他早已習慣每次只要有需求，你立刻就會幫他辦好。這時，你的眼角餘光也瞄到了站在辦公室門口的企業實習生，她手上抱著一本學校作業——想當然耳，她一定是對作業有疑問，又想來問你了。

原本你想要的是塊寧靜的河岸草地，現在卻擠滿了不速之客。這種情況究竟是怎麼發生的？為什麼大家會樂此不疲地試著越界，而你只能縱容大家占據你的所有地，卻不敢為自己的需求與利益發聲？

富有同情心的善良好人們很難理解這個道理，也很容易受限於自己先入為主的錯誤觀點。善良的人能很快察覺自己是否打擾別人，或對別人提出太過分的要求，於是自然而然地認為，其他人一定也和他們一樣，能敏銳地感受到這些差異。但事實上，全世界大多數的人都有如國家的軍隊一樣，用力捍衛著自己的利益。換句話說：那位殺出來的同事只希望自己的問題能被解決；一大早來電的老闆只想趕快把任務交代給你；那位企業實習生只希望你能提供學校作業的解答。至於你是不是覺得被打擾了，這些人可一點都不感興趣。

除非你能給出清楚的信號。就如同你對那塊河邊草地所做的事，你需要立個牌子昭告眾人。唯有如此，你才能有力地捍衛自己那安靜的第一個小時。

舉例來說，你可以在部門會議時告訴大家：「我發現，早上八點半到九點半是我最有靈感的時刻。因此我想將上班的第一個小時留給自己，做一些需要專注力的工作，也想請大家配合，如果要問問題，或有任何想找我幫忙的事，請在九點半之後再來找我。」

這樣一來，大家就能看到你的界線告示牌。這種做法想必能嚇阻某些人，但不是所有人都會照單全收；這時，額外再圍上一圈柵欄，更加強效果。例如，你可以在自己的電子郵件系統上設定自動回覆訊息：「如有任何疑問，九點半後我很樂意協助。」或是在你的分機電話裡留下類似的語音訊息。還有更簡單的，在早晨的第一個小時，帶著你的筆電，在公司裡找個安靜無人的會議室。如果你有助理，也可以告訴他，請不要讓任何人在早上的第一個小時進來打擾你。

這樣一來，你就爲自己拉出了一道圍牆，絕大多數的人都會在這個階段放棄打擾你；當然還是有人願意一試！總有一、兩個人還不死心，試著翻過圍牆，到你的草地上來。例如那位企業實習生，或許她到處打聽後，還是找到躲在會議室裡的你；或是那位急著想問

「簡短」問題的同事，他可能會試著撥打你的私人手機號碼；又或者是哪個同事安排了一個晨間會議。

現在你必須把握機會，把這些越界的人趕出你的時間領域。之所以「必須」，是因爲這就像河岸邊的那塊草地，一旦你容忍一個人跨過你的圍欄，接下來所有人就會排山倒海而來，撲倒圍牆。請務必堅持自己的原則，堅持自己的界線。

請告訴那位撥打你私人手機號碼的同事，你不會在早晨的思考時間回答任何問題，即便眞的只是一個簡短的問題，也不行。請你用同樣的理由打發那位帶著學校作業來求助的實習生。如果可以的話，盡可能拒絕出席那場晨間會議。拒絕時，請同時提供替代選項，例如這個時間不行，但你何時可以回答同事的問題及參與會議（參見第7章〈好人如何說「不」〉的最後一項技巧）。

我承認，要做出這樣的決定和行爲會讓你相當掙扎。或許你害怕會引起同事對你的不滿，形成不必要的對立；畢竟很快回答一下同事的問題，並不是什麼大不了的事，不是嗎？給實習生一些作業的建議，也花不了多少時間對吧？早晨的會議也只是個例外而已，又不是天天有，破例一次又有什麼關係？

但你要知道：每個你放行的例外，都是你在圍欄上挖出來的一個大洞！只要有一個人鑽了過去，所有的人都將前仆後繼；這個洞將越破越大，最後讓你的圍籬東倒西歪。相反的，如果你堅持到底、擲地有聲地捍衛你的邊界，你的行為便能傳送出強而有力的訊號，讓所有還想姑且一試的人打消念頭。

馬基維利在描寫權力運籌的代表作《君王論》中，便詳細描寫這種做法的顯著效果：只有那些有勇氣做出「恰到好處的殘忍」的人，才不必「時時把劍握在手中」。威嚇，形成了鮮明清楚的規矩。

不堅決的人無法畫清界線。關於這一點，我們能在教養孩子時清楚地觀察到：如果你每天晚上八點就送孩子上床睡覺，沒有哪天例外，過不了多久，只要時間一到，孩子就會自動自發地上床睡覺。但如果你時不時放寬限制——今天八點五分、明天八點十五分、後天八點半再上床睡覺，我相信你絕對每晚都得和孩子理論半天，而小孩也會施展出人類史上所有想得到的招數和所有藉口，拜託哀求諂媚討好又哭又叫鬧脾氣；端看哪個招數對你管用，小孩便出哪招。

你有沒有認真地把設下的界線當一回事，孩子馬上就能看出端倪：光是說出「八點了，你必須上床睡覺了」或「八點了，你應該上床睡覺了」，對孩子來說就有天差地別的不同。第二個句子明顯軟化許多，而「應該」也表示了「並非必須」的意思；何況當你說出「應該」時，聽起來就像你改變了主意。

言詞上的軟化只會讓寫在告示牌上的警語變得越來越模糊。如果你對主管說：「我今天應該要準時回家的。」這對他而言就是個再清楚不過的訊息：他絕對可以輕易說服你留下來加班。同樣的，去商店要求退貨時，你若說出：「其實我原本只是想問問看可不可以換貨。」精明的店員馬上就能嗅到機會，他絕對有機會直接打發你，讓你無功而返。

會洩漏你軟弱心態的不只有語言，肢體動作也會傳遞出同樣的訊息。最危險的，莫過於身體傳達出以下這些口是心非的訊息：

- **口頭上拒絕別人，臉上卻帶著不確定的微笑**。這麼一來，所有人馬上就會接收到你的原始訊息：「雖然我現在畫出了界線，但如果你眞的想朝我的圍欄衝撞，我只會弱弱地稍微抵抗一下。」
- **口頭上說出畫清界線的句子，手指卻碰觸自己的嘴唇**。這種肢體訊息等於是在告訴對方：「我根本不知道自己在講什麼，其實也沒膽說。我心裡最想做的，就是立刻把這些話收回去。」當然，對方絕對會試著占你便宜，讓你的界線形同虛設。
- **明明想做出一個強而有力的聲明，卻選擇以語調升高的問句做爲結尾**。原本你想說：「我完全不這麼認爲！」聽起來卻變成：「我可以有不一樣的看法，對嗎？」語尾音調上揚的叫做問句，才不是什麼肯定的聲明。要是你連自己都不清楚界線該設在哪裡，對方當然會一把抓住這條界線，往對自己有利的方向拉。

- **和別人確定界線時，將眼神別開**。對方收到的訊息就是：你想用很輕鬆的口氣來表達堅定的意志，但你卻連看著對方的眼睛說出這條界線在哪裡都不敢。對方會抓住你的不確定感狠狠利用、旁敲側擊、連番詢問、請求兼之威嚇，直到你退讓爲止。

以上這些狀況都是因爲你內心並不眞正清楚自己的界線在哪裡，以及你是否有絕對的權利要求畫清界線。或許你常在內心自問：「要是我這麼嚴厲難相處的話，其他人會怎麼看我啊？」請你務必捨棄這個念頭，這種負面想法只會在瞬間摧毀你，還順便削弱你的存在感，並損耗你的個人影響力。

這種不確定感，會在你的肢體語言與口語訊息之間深深敲出一條裂縫。這就像是你明明就在草地上大喊：「我絕不允許任何人踏進我的所有地一步。」卻又快步跑去打開圍欄，恭敬地站在一側，伸長了手臂邀請大家進來一樣。肢體語言所傳送出的訊息，才是溝通中最具決定性影響力的因素，其影響之強，甚至能抵消話語所傳達的訊息。

只有在所有訊息都如明鏡般清楚明確時，你的界線才會管用：立下清楚的告示牌、圍上足夠高度的柵欄，並貫徹始終地捍衛你的願望。

那個超沒禮貌的主管

「我主管眞的有夠沒禮貌！」安妮塔．瑞格在諮詢室裡抱怨著。「每次他交派任務給我的時候，都會在最後面加上一句：『全速前進！』好像我是隻慢呑呑的蝸牛，需要人家在後面推一樣。」

「除此之外，還有其他例子嗎？」我問她。

「只要我們意見不同的時候，他就會說：『只要對這種事情有一點認知，就會知道應該要……』然後接上他自己的觀點。他對待我的樣子，就好像我是個白痴似的。

「不管我在什麼場合說話──只有我和他的單獨會議、小組討論或是部門會議都一樣。最近一次，他甚至在我發表完意見後加上一句：『這聽起來完全是個愚蠢的意見！』我甚至看到當場在座的幾位同事都附和著笑了起來。」

「那你呢？你也笑了嗎？」

「我很努力試著不要假裝自我解嘲、裝模作樣地跟大家一起笑。但我猜我臉上可能還是有一點勉強的微笑，畢竟我已經很努力壓抑被惹毛的自己了。」

「你和主管提過這件事嗎？」

「當然沒有。要是我去找他談，他一定又會開始攻擊我：『一開始明明就是你先說了蠢話，結果現在又表現得像是誰傷害了你一樣！』我才不要幫他製造機會，讓他免費再攻擊我一次。」

「換句話說，你主管可能完全不知道，他這些行爲對你的傷害有多大。」

「我猜他多少知道。」

「但就如你所說的，你只是『猜想』；光靠猜想，無法完全排除這個可能性。針對你的這些指控，你的主管可能會說：『可是我以爲安妮塔一點也不在意這些。她從來沒有對我反應過這些，也沒說過她認爲我的玩笑已經太過分了。』是不是？」

她思考了一下。「我認爲這個可能性非常小；至於能不能完全排除這個可能性……我想我沒辦法這麼做。」

接著，我跟她描述了前面那個河岸草地的故事。我問她：「你清楚知道自己的界線在哪裡嗎？你知道哪些是你主管可以說的話，哪些不是嗎？還有，你知道當他說出什麼的時候，就表示他越界了？」

「他不能踰越禮貌的界線。」

但安妮塔沒辦法更仔細地描述界線。因此，我要求她記下主管的哪些說法和行爲，會讓她產生不好的感覺。不到十五分鐘，安妮塔就寫滿了一整張A4紙。幾乎所有她和主管的對話都充斥滿滿的鄙視與輕蔑：他會打斷她；當她還在說話時，主管就會邊聽邊搖頭；他完全忽略或無視她所使用的理由；那位主管甚至還曾多次直接輕蔑地擺擺手，示意她閉嘴，並說：「這種事，你還不夠資格來跟我談！」

安妮塔對於自己領地上這些導致他人踰越界線的破洞相當震驚，甚至有大多數她完全沒發現。這些人早就從破洞湧入，在她的河岸草地正中央大剌剌地搭起帳篷露營，但大多數時候，她卻完全忽視了這些人。明明有這麼多人跨過界線，為什麼她從來沒發覺？

請想像一下，你擁有許多塊不同的河岸草地，這些草地組合起來就是你所有的個人價值。每次只要有人撞到你其中一項價值觀，你就會覺得自己的界線好像被侵犯了一樣。舉例來說：

- 假如你是個相當注重準時的人，只要有人常態性拖延或遲到，就會讓你忍無可忍。
- 假如你是個相當注重整潔的人，只要有人將你的生活環境弄得亂七八糟，你就會怒不可遏。
- 如果你是個相當注重直接坦率的人，只要你發現有人刻意在背後說你壞話，你就會覺得難以忍受。
- 如果寬容慷慨對你而言相當重要的話，那麼只要有人對你刻薄小氣，你便會覺得傷心又委屈。

- 如果同理心對你而言相當重要的話，只要其他人表現出對你的需求一點也不關心的樣子，你就會覺得難以理解和難受。

那塊存在於你心中的草地，也就是「踰越案件」發生的地點——姑且稱爲「個人價值觀草地」好了。每當有人試圖把腳放上你的領地時，你立刻就能感受到有人正試圖非法入侵；但這種感覺十分微妙，往往讓人在一開始的時候不知該如何解釋這種感受。

當主管公然將安妮塔的提議貶爲「愚蠢」時，雖然她明顯感覺到主管入侵了她的價值觀草地，但日積月累、不計其數的越界行爲，比如對她講話時粗魯的語調、示意她停止的不耐煩手勢，早就將安妮塔的標準擠壓得扭曲變形，還讓她合理化主管的行爲：做決定不就是主管的權力嗎？把主管的一字一句都放在黃金天秤上仔細地衡量琢磨，未免也太不專業了吧？

直到安妮塔來到我的諮詢室，這些疑惑才終於解開。原來主管不斷在衝撞的，正是她相當注重的個人價值觀之一「以禮相待」。現在的安妮塔已經能靠自己的力量畫清價值觀草地的界線：「我非常在意一個人是否能秉持禮貌對待其他人事物。我不但以身作則，一向以禮待之，也要求別人必須遵守這一點，拿出同等的禮貌對待我——這項原則適用於所有人，不論這個人是我的主管或部屬都一樣。只要誰對我沒禮貌，那麼這個人就只配得到我不禮貌的回應。」

之後，安妮塔有了能立刻辨別對方非法越界的能力，並能及時抵抗；對於主管的明嘲暗諷，她也不再容忍。例如當主管說「誰叫我們小組裡就是有人不努力！」時，安妮塔便會接口：「你的意思究竟是什麼？」這是一個辯論上的技巧：反問對方，並請對方再重複一次，能強制將惡意攻擊者陰陽怪氣的卑鄙言語挑出來，讓攻擊者必須自己找臺階下。

安妮塔後來多次阻止主管以貶低的姿態或粗魯的語氣對她說話。而她換來了怎樣的成功呢？在最後一次諮詢會議中，她整理了自己的經驗：

「我一直不斷告訴他：『剛剛我說話的時候，你揮手示意我停止的不耐煩行爲讓我很受傷。我希望你能更認眞和嚴肅地看待我。』但他卻反過頭來要我『不要小題大作』。我告訴他，他將我的建議描述成小題大作，只是再次中傷我而已；畢竟我並沒有小題大作，我只不過是告訴他，我很注重人和人相處的禮貌而已。

「我和主管之間的對話就這樣來來去去了好一陣子。隨著時間過去，我注意到這種堅決果斷的態度賦予我自己一股力量。終於，主管跟我說，往後他會更注意和我說話的態度，也會更注意待人的禮儀。當然，即使他這樣說，他也沒有馬上就改變態度。但是每當他又踰越界線時，我立刻就會注意到。我會告訴他，並再次要求他必須如他自己所承諾的注意禮貌。

「現在，六個月過去了，主管非法越界的情況已經越來越少。有位同事還跑過來問我：『你到底跟那個主管說了什麼？他最近對你一整個變得有夠小心。』我毫無保留地直接回答這位同事：『我告訴他我的界線在哪。』」

安妮塔更使用了幾項小技巧來改變她的習慣：

在這段期間，她幾乎每天都會和一位女性朋友通話，在與這位朋友的互動裡，安妮塔一直保持著堪稱模範的界線；而每一次通話也都能賦予她滿滿的能量，讓她更有勇氣，堅持對主管展示界線的存在。與此同時，她也刻意減少與姊姊的的聯繫，因爲姊姊總是不停利用安妮塔的善意，並要求她無私的協助，而每次安妮塔想在姊姊面前捍衛自己的利益和界線時，總會覺得良心不安。

這是兩個效果相當強大的技巧：請找一位能支持你建立界線的朋友，協助你熟悉尊重界線的感覺。比如說，身邊剛好有一位懂得如何輕鬆拒絕他人過分要求的朋友，你可以向他請教，告訴你該如何拒絕。你也可以找一位和自己「同病相憐」的（過度）好人，或許他也正處在類似狀況裡，並亟欲擺脫這種狀態。如此一來，你們就能互相打氣，並腦力激盪出一些解決方法。除此之外，你應該減少和那些會強迫你接受或適應的人接觸。只要妨礙你養成這項習慣的阻力越來越小，進展就會越來越順利。

用自我價值拯救你

現在，你想找出自己的「個人價值觀草地」究竟在哪裡，好讓你能學習捍衛它嗎？下面這個簡單的練習將能有效幫助你找出自己的領地。

首先，請在腦海裡找出三個與他人互動時，會讓你感到不舒服的情境。不一定要是職場上的，日常生活中的情境也適用──所有讓你不愉快的小事都值得我們拿出來練習。請簡短地描述當時的情況。

你寫下了哪些情境呢？我們一起來看看我的客戶艾玲娜的紀錄吧：

情境一：我正在跟老公說話，告訴他我今天一天過得如何。但我可以感覺到，他根本沒注意在聽。而且我跟他講話的同時，他還一邊在看手機。

情境二：同事對我說：「咖啡又沒了。」我能感覺到她語氣中的期待和暗示，好像我應該去重新泡一壺一樣，所以我也起身重新沖了一壺咖啡。但為什麼我總是讓她這樣對我呼來喚去的呢？

情境三：我坐在一間小酒館裡，等著點餐等到快不耐煩了。我已經坐很久了，卻一直被服務生晾著。連比我晚來的客人都比我早點餐。這讓我很生氣。

每當有人損害你的價值觀時，就是你會覺得不舒服的時候，這同時代表有人剛剛將他的腳放在你的領地上，只是你並不會在每個情境下都自然而然地感覺到被侵犯而已。因此，我請艾玲娜在每個情境下都問自己：「在這個被惹怒的時刻裡，我覺得自己是否缺少了什麼？」並要她在想清楚這點後，試著寫下自己相對的願望。透過這樣的行為，艾玲娜所重視的每個價值觀都將清楚地攤開來。艾玲娜的紀錄是這樣的：

情境一：被老公忽視。

- 我缺少的是：他全部的注意力。
- 我的願望：當我和他說話時，他應該把全副精神放在我身上才對。因為當他和我說話的時候，我也從未分心去做別的事。

- 重視的價值觀：同理心、注意力、愛意。

情境二：幫其他同事煮咖啡。

- 我缺少的是：公平，平起平坐的地位。同事對待我的態度一副我是她的僕人似的。
- 我的願望：她應該偶爾也要自己動手煮咖啡。我很樂意幫她煮咖啡，但只有在她也同樣頻繁地幫我煮咖啡的前提之下——要我時常替她煮咖啡是不可能的。
- 重視的價值觀：公平、公正、同事之間的禮貌。

情境三：在餐廳裡被服務員忽視。

- 我缺少的是：注意力，因爲服務生故意忽略我。
- 我的願望：我希望自己能像個顧客一樣被對待，坐定位後也能很快得到店家的招呼。比我晚到的人卻比我早點菜，這是不對的，我希望我可以平靜地說出來。
- 重視的價值觀：注意力、公平。

你們注意到了嗎？有兩項價值觀出現的頻率明顯偏高：「注意力」和「公平」：不論是從她丈夫身上、在職場上，還是在小酒館裡，艾玲娜總感到自己被刻意忽略，並遭到不公平的對待。練習時，如果這項價值觀不斷出現的話，就代表你的個人價值觀草地相當疏於保護。很顯然的，艾玲娜從未成功地在樹上掛出一塊足夠明顯的告示板昭告天下：她需要別人的專注和公平對待。

這是一項具有雙重功效的練習：一方面，你能透過它了解自己重視哪些價值觀；另一方面，也能了解旁人不重視哪些價值觀時，會讓你覺得受傷。一開始，可以在每天晚上記錄一個讓你今天感覺不舒服的情況，大概只要幾週時間，你就能認清所有自己認爲重要的價值觀與需求。

透過寫下自己的願望，可以幫助你未來遇到相同情況時，能及時反應。例如在足夠的練習後，艾玲娜已經能在與老公說話的同時，告訴他這種一心二用的行爲讓她感受不到他的注意力，對她來說相當痛苦；同時也希望他能全心全意地聆聽她所說的話。艾玲娜因此成功地捍衛自己受損的權益，並確實要求對方改善。在沒有刻意練習的情況下，將很難自然達到這樣的效果。

接下來，請各位仿照艾玲娜的方法，回答你在前面寫下來的三種情境：

情境一：

- 我缺少的是：＿＿＿＿＿＿＿＿

- 我的願望：
- 重要的價值觀：

情境二：

- 我缺少的是：
- 我的願望：
- 重要的價值觀：

情境三：

- 我缺少的是：
- 我的願望：
- 重要的價值觀：

請想像一下，如果類似的情況又發生在你身上，你會做些什麼來保護自己的價值觀？請自行演練一次，思考一下你會說什麼話來反駁，又會做哪些行爲來反抗。如果環境許可的話，請找一位信任的朋友來扮演對話的角色。我很肯定，在幾回合練習後，你會表現得越來越好，而且會越來越得心應手。在不斷的練習中，你的大腦會產生新的神經連結，幫助你下一次遇到同樣情況時，能更自在、自信地爲自己發聲捍衛自己的領地與界線。

休想再越雷池一步！

畫清界線就像運動比賽一樣，意思是：眞正上場前，你最好提早並反覆練習。我所謂的「練習」指的不只是扮演某個角色而已，心理上的訓練也相當重要。其他人究竟要做些什麼，才不至於侵犯你的界線？他們什麼時候會跑出來、在你的個人價值觀草地附近閒晃？這些資訊知道得越詳細，你就能更貫徹始終地捍衛自己的界線。

表4能幫助你定義出自己的界線。第一欄列出的是各種可能發生的情境，第二欄是了解自己的界線是否遭侵犯；第三欄則請你寫下自己認爲最理想的回應，也就是你想如何處理這個情況？對方的行爲必須做出哪些改善，才能讓你滿意，並讓你感受到足夠的尊重？填完這張表格後，往後你的各種情境裡，便能擁有自己相應的準則。

在什麼情況下，你會感受到界線遭到侵犯？面對他人的行爲，你該如何有意識地與之

情境	界線被侵犯了嗎？如果是，哪一項價值觀被侵犯了？	我的理想反應
同事無論如何都想和你來張自拍照；雖然你已經表示不願意，也做出了不舒服的手勢。這是因為你前晚睡得並不好，臉上正掛著兩個特大黑眼圈。	舉例： 是，我的界線被侵犯了。我認為「我擁有身體自主權」的價值觀被侵犯了。我想自己決定什麼時候和想怎麼被拍。	舉例： 我會告訴她：「我今天不是很想拍照，或許下次吧。」
你正和鄰居、同事們一起慶生。但母親哪壺不開提哪壺，特意挑了一件你很久以前一件相當私密的糗事跟大家分享。但這個故事跟你的慶生會一點關聯都沒有。		
你已經和髮型師預約了下午四點半。但現在已經下午五點了，你卻還在等候區枯等著。		

情境	界線被侵犯了嗎？如果是，哪一項價值觀被侵犯了？	我的理想反應
某位鄰居再次請你幫他倒垃圾。但這位鄰居的身體狀況其實很好，至少和你一樣，而且也有很多時間。		
一位同事幫你取了個有趣的綽號，雖然你本身並不太認同它。例如在你的名字前加「小」字，並用疊字稱呼你之類的。		
某位親戚講話時，總會不自覺地撫摸你的手臂。但這樣的肢體接觸其實讓你很不舒服。		
一位年輕新同事建議你們彼此可以直呼其名，不用太拘謹。但這位同事年紀不但比你小，而且你在公司裡的職位很高，大家早就不敢直呼你名字了。		

表4 定義自己的界線

情境	界線被侵犯了嗎？如果是，哪一項價值觀被侵犯了？	我的理想反應
社團裡的某位成員總是習慣性打斷你說話，插嘴分享她自己的生活經驗。例如她會說：「我也有相同的經驗……」		
同事私下告訴你：「哎，跟你說，我剛剛在值班表上把我們兩人的名字互換了。禮拜二我沒辦法值班。」		
你打電話給自己負責的供應商窗口。但他卻多次拒接你的來電。當你好不容易聯繫上他，並告訴他這件事情時，他卻置之不理。		
身邊的人特意挖苦你，並藉機開了個玩笑。是很幽默風趣沒錯，但你卻覺得這些話背後另有惡意。		
你的伴侶在未事先徵求你同意的情況下，擅自替你們兩人答應了一個朋友的邀約。		

共處？現在請你再次仔細瀏覽這份表格，並針對每個情境想一想：我曾有過什麼類似的經驗？今後我該如何捍衛自己的領地？

把這種人逐出你的生命！

安娜．克雷門鼓起腮幫子，深深吸了一口氣，然後像洩了氣的皮球般「呼」地吐出來。「這一切都沒用！」她憤恨不平地咒罵著。「我已經明確地和我爸畫清了界線，但是不管用！他依舊無視界線！我用力反抗並捍衛自己的底線，不過顯然他一點也不在乎！」

安娜的父親艾文擁有一家旅行社，但幾十年來卻不曾真正參與過安娜的成長與生活。安娜三歲時，父母就離婚了。在她成長過程中，運氣好的話，父親會突然想起她的生日，並在前來看她時順便帶一份生日禮物。然而大多數時候，他會把安娜的生日忘得一乾二淨。隨著安娜的年紀漸長，父親遺忘她生日的情形也越來越常發生。在她二十到三十九歲之間，她幾乎沒再和父親說過一句話，也沒再見過他。

然而就在某天晚上，她和丈夫及兩名年幼女兒所居住的家，卻迎來了一陣急如暴風雨般的門鈴聲。門口站著一個滿臉鬍碴、酒氣沖天的男人。她狐疑地上下打量，過了一陣子，總算認出這個人是她的父親——他被房東載到她家門口。父親只問了一個問題：「能不能在你家住幾天？」

「我當時整個腦子都炸裂了。」安娜說道。「他幾乎完全沒有出現在我的童年，結果我現在居然得在他欠下一屁股爛帳的時候幫他？誰教我是他的女兒呢？我總不能在他落難的時候丟下他不管。」

但由於家中沒有多餘的客房，安娜的小女兒只好讓出自己的房間，和姊姊擠在一起睡。「那感覺就像有個陌生人闖進你家裡過夜一樣。」安娜一邊回憶當時的情境，一邊說道。「別說在此之前，我老公只看過他的照片而已，連我也幾乎不能算真的認識他。」

隔天醒來後，父親說他的旅行社倒閉了，而他沒有其他工作可做。不過他倒是承諾，自己會趕快去就業服務處登記，並盡快找個地方落腳。安娜就像對待一般的訪客般對待父親。她會替他做好早餐並放在餐桌上，也會替他準備好乾淨的換洗毛巾和擦手巾，還會代他去超市購物、打點所有飲食。父親對她大表讚揚，不停地說：「你真是個好女兒，我根本不值得有這樣的女兒。」

兩週後，艾文已經相當「融入」安娜的家庭生活。他不僅經常點菜，說自己希望晚餐能吃到什麼，還會在每天晚上八點十五分準時坐在沙發上，拿著電視遙控器決定大家今晚看什麼節目。要是出現了什麼教養方面的問題，他總會當仁不讓地以「專業」的角度指點大家——到底打哪來的專業？舉例來說，他認爲就一個十歲的孩子來看，安娜的小女兒已經太「放肆」了（小女兒不過是抱怨「看來我永遠都沒辦法再回自己的房間睡覺了」）。

自然而然的，他毫不客氣地將自己的待洗衣物丟進安娜的洗衣籃裡；當安娜去採購家庭用品時，他也會直接要安娜在筆記本寫下他想吃、想用的東西。家用費？他當然一毛錢也不會出，畢竟據他所說，他如今已是個破產的人了。不過雖然號稱破產，但香菸這種東西他總能很神奇地自己變出來。

「我認爲自己是個很樂意幫助別人的人。」在諮詢室裡，安娜慢慢說著。「某個程度上來說，能資助他感覺上並沒有很糟；或許我從以前就一直渴望生活中有父親的存在。現在他出現了——就算我必須伺候他，而他居然連自己的碗盤也不曾洗過。」

安娜的家庭生活卻因此岌岌可危。「我幾乎不可能有機會和老公或女兒們有什麼私密談話。因爲我們在自己的房子裡，總是感到無止盡的拘束與壓迫，好像我們才是客人似的，而不是他。」除此之外，自從父親到家裡暫住之後，母親就沒再來過了：媽媽和她的前夫並沒有前嫌盡釋，如今仍處在水火不容的狀態。母親完全無法認同這個人怎麼能獲准搬入她女兒家裡。

艾文也總是不停地觸犯安娜家裡所有的規則。例如，當他從外頭回來的時候，他總是不脫鞋就直接踏進屋子裡（「我只是上街走幾步路而已，鞋子根本乾淨得不得了！」）。有一回安娜提早下班回家，竟然撞見父親在客廳裡抽菸！雖然艾文辯解說他正要去陽臺，但安娜沒提到的是，早在撞見父親在室內抽菸之前，她便好幾次注意到屋子裡有時聞得到菸味。「我已經暗示過他很多次了，告訴他再這樣下去不行。可是我又能怎麼辦？我只能躲起來，畢竟他是我父親啊。」

每次安娜都得小心翼翼、深怕傷了父親似地問他：「是說，就業服務處有幫你介紹工作或住所了嗎？」

「你想趕我走，是嗎？」

「我沒有。但你之前不是答應過，你只是暫時待在這裡……」

「你不希望我待在這裡。」

「我沒有這樣說。」

艾文不但成功地閃躲了問題，還讓安娜爲此愧疚不已，良心不安。就這樣過了將近一年，艾文在安娜的房子裡棲息下來了，並三不五時與女婿發生衝突；安娜的兩個女兒也開始找各種機會去朋友家串門子與過夜。安娜原本的和諧家庭生活不復存在。

一開始，安娜嘗試和父親畫清界線。她直接告訴父親，她希望能再次與家人不受打擾地住在自己的房子裡；她希望父親能整理好自己的行李，搬出去住。艾文當然也允諾安娜，不久後就會搬出去，但過不了幾天，他便拿藉口搪塞安娜。

這種情形時常發生：你設立了界線，其他人卻選擇忽視它，或不尊重你的領地。你越是拖延、越晚豎起區隔領地的圍欄，對方不再把你的界線認真當一回事的可能性就越大。到了這種時候，就只能下猛藥了：將做出這種事的人直接趕出你的生活圈；或是除非不得不，否則將你與對方接觸的可能降到最低。

善良好心的人們做出這個決定時，必然會先經過一番掙扎，畢竟他們自詡為和平愛好者，他們習慣當個原諒別人的和事佬，而不是撕破臉、破壞關係的人。正是這一點，讓自私自利或習慣寄生的人得以利用你們。正因為他們察覺，只要是對你的要求，什麼都行得通，他們自然毫無畏懼地予取予求。

拿安娜的父親為例：他的行為舉止簡直就是把自己當成家裡的三軍統帥似的，卻不斷打破自己的承諾，並享受所有人的伺候，但連出力幫忙也不肯。對安娜而言，親情連結和熱心助人看來是她相當注重的兩項價值觀。然而這位父親卻毫無牽絆、只顧自己，還從不幫助別人。面對這種情況，口頭告誡、示意哪裡是界線與底線遠遠不夠。說得更確切和仔細些，這種人需要別人在他屁股上用力踹一腳，因為暴戾的人只聽得懂暴戾的語言，這才是他們聽得懂的話。

我給安娜的建議是：「請和你父親設定出一個最後期限，並且告訴他，過了期限後，如果他還不搬出去，你就會更換門鎖，並把他的東西打包、放在門外。」

在她聽來，我的建議當然太殘忍了，不過她確實也想不出其他的辦法。果然，在最後期限到來的那天，她父親並沒有遵守諾言、搬出家裡。最後只能在反鎖的門外大哭大叫，又是槌門又是按鈴的，大鬧好幾個小時後，突然就像憑空消失似的，不再出現在安娜的視線裡——一如他突然出現在安娜門前時令人驚愕。安娜的家庭生活則恢復了以往熟悉的一片祥和。

直到幾個月後，安娜才提起：「直到他離開後，我才驚覺，當時他選擇來我家就是個相當過分的行爲。早在許久以前，我們便已經不再是一家人了，我們的不合並不是從那天才開始的。」

如果有人不斷挑戰你的界線，如果有人不斷利用你、將你的話當成耳邊風，並對你做出有百害而無一利的事，那麼你要做的就是**永遠與這個人切斷所有聯繫**。這些有害的關係像是：

- 在一段友誼裡，如果對方只把你當成情緒垃圾桶，不停倒負面情緒給你，卻對你的擔心和憂愁毫不在乎，請你切斷這段關係。
- 在一段雇用關係裡，即便你已多次向老闆明示自己的界線，老闆仍只顧將你的勞力和精力榨乾到最後一滴，直到你倒下方休，請你勇敢地切斷這段關係，辭職走人。

- 在一段愛情裡，如果另一半總是視你如敝屣，不停地欺騙你、利用你，甚至暴力相向，或永遠只顧著實現自己的願望，卻從不傾聽你的心願，那麼請勇敢斬斷這段戀情，越快越好。

只要其他人發現，你無法徹底與某人、某段關係切割開來，那麼你所設下的任何界線都將難以被其他人認眞看待。這是因爲在這種情況下，你缺乏權威性——這就好比有一家公司，裡頭所有員工都知道，老闆不論在什麼情況下都不會開除任何人，員工當然會做自己想做的任何事，反正不管是什麼行爲，都不會帶來他應當承擔的眞正後果。

在關鍵時刻，有能力隨時畫下一條界線，就是建立權威的根本，而這一點就是善良好人改變的契機：請找出對你有害的人，再找出對你有益的人，並以後者取代前者。我向你保證，你的生活將變得越來越健康有朝氣、越來越生機蓬勃。

請逐一檢視自己的朋友清單，並問自己以下問題：

- 和哪些人相處能帶給我無比的能量？
- 和哪些人見面後，我總會覺得比之前更開心？

- 誰能激發我的潛力，並同等尊重我？
- 當我好一段時間沒有見到誰的時候，我會覺得很想念？
- 我更想常常見到誰？

這些人才是你應該多花一點時間相處的人。請你爲自己的生活圈挪出足夠的空間給他們。請問自己以下問題：

- 誰會耗費我最多的精力與能量？
- 和哪些人見面後，我總感覺相當糟糕？
- 誰總是拿我當墊腳石，且不尊重我？
- 當誰好一段時間沒出現時，我反而覺得很開心？
- 我更不想見到誰？

請你務必將這些人一一驅逐出你的生活圈。試想，當你不小心碰到瓦斯爐上燒熱的鍋子時，你會下意識地立刻縮回手，這樣才不會受傷。既然如此，爲什麼你還要繼續和這些會傷害你的人保持往來呢？你當然應該從這段關係中抽身；至於要斷絕這些關係，你只要給一個簡單的理由就夠了：「我覺得這段關係對我沒有幫助，所以我不想再繼續和你保持聯繫。」

但如果情況不允許你直接和對方隔離或分開的話，又該怎麼辦呢？比如說，你總不能把鄰居綁上火箭、發射到月亮去吧？又比如說，你總不能要警察把你的主管抓起來關進監獄吧？再比如說，直接要求和你同社團的同伴退社也很難。如果是這種情況的話，那麼請你想辦法避開這些人，將自己與這些人接觸的頻率降到最低。快速中斷與他們的談話，絕對不要讓這些人利用你。

至於那些濫倒情緒的吸血鬼們，你將會很驚訝其實你可以以相當簡單的方式輕鬆擺脫他們：只要他們發覺，從你身上再也榨取不到任何好處的時候，他們便會轉向其他新的受害者了。恭喜你就此重獲自由！

檢測你是否「人太好」　誤入八卦聚會

情境：

茶水間傳來一陣響亮的嘲諷。我踏進茶水間，並從冰箱拿了一瓶礦泉水。不消幾秒鐘，我便意會過來，大家在嘲弄的對象是哪位同事：果然又是妮娜，新來的主管。茶水間裡的大家以近乎暴力的方式在背後集體挖苦她。其中一個人說：「她看起來簡直就是個男人婆。她還眞的有夠像男人，只差臉上沒長鬍子而已。」接著，另一位女同事裝模作樣地模仿起妮娜低沉的音調。

我本來想拿瓶水就走，其中一位同事卻跟我搭話：「她眞的好糟糕，你說是不是？你覺得呢？馬丁？」

其實我滿喜歡這位新主管的，但我也很清楚，要是這時說出自己眞實的想法，在這個小群組裡鐵定會變得很難混。這時候的我該說些什麼才對呢？

練習：

如果是你，你會怎麼做呢？

我的反應：

最後，我這樣回答那位叫住我名字的同事：「你最近不是才告訴我，她給你的工作很高的評價嗎？我聽她說，她覺得你最近在那個美國專案上，能這麼有耐力地一直爲公司斡旋，做得眞的很好。」

那位同事先是遲疑了一會兒，躊躇著不知該說些什麼。沒多久後，他臉上逐漸漫開喜悅，問道：「她眞的這樣跟你說嗎？」我點點頭，表示確認，然後就離開了茶水間。

回顧：

如果今後再發生一樣的情況，我仍然會選擇如此回答。

結論：

我選擇了一個相對圓滑，卻相當有效的方式來回應。我當下並沒有直接爲遭到攻擊的人辯護，取而代之的，是轉達一個她曾說過的正面訊息。如此一來，茶水間那些愛嘲諷的人便能清楚地接收到這個訊息：在背後惡意批評嘲諷一個給予自己好評的人，並不是什麼公平厚道的行爲。如此一來，我既不會因此成爲老闆身後的馬屁精，也不會變成部門裡愛阿諛奉承的人，依然能保有我中立的身分。

善良的陷阱：

在大多數情況下，假設大家期望某人對一件事發表自己的意見，尤其是群體內部對此事已有共識時，這個人往往會順大家的意，說出符合共識的話。這其實是基於恐懼，害怕自己若有不同意見，就會遭到整個族群的驅逐。我當然可以選擇順大家的意，一起批評這位主管或其他主管；但如果我眞的這麼做，就會因爲覺得對自己不忠誠而良心不安。

我學到的教訓：

不論在任何情況下，請不要顧慮其他人怎樣想：請對自己保持忠誠，同時也對那些於你有重大意義的人們保持忠誠。

第 7 章

拒絕過分的要求

在這一章，你會學到：

☑識破十個卑鄙的小伎倆，了解它們如何強迫你答應做不想做的事。

☑地上的兩張瓦楞紙板如何幫助你堅持說「不」。

☑完美鋪陳的導言，讓善良的你可以順利說「不」。

☑一位女大學生如何被迫在一名陌生人面前自己脫光衣服，只因為她不願說「不」。

爲什麼「不」是全世界最糟糕的字？

某天，西德廣播公司知名的叩應廣播節目主持人尤根．多銘安接到一位女大學生的來電。這位名叫安德莉雅的大學生在電話中說出一件不可思議的親身體驗，而且就發生在法蘭克福市中心。

當時，她正在市中心逛街，在人來人往的行人徒步區被一名號稱修讀人類學的年輕大學生攀談，他表示自己正在進行以自發性與身體分期爲主題的問卷調查。

「請問你是個隨興的人嗎？」不等安德莉雅回話，這位年輕大學生便逕自發問。安德莉雅回答「是的」，畢竟她並不想被人認爲自己是個難相處的人。接下來，年輕男子又問了幾個不相干的小問題，他的最後一個問題是想知道：「請問你今天穿的內衣褲是什麼顏色？」安德莉雅實在太好心，以致她在回答那麼多問題後，無法回絕這個問題：「黑色。」對方又繼續追問：「請問你能證明嗎？」安德莉雅下意識地回答：「當然可以。」

這名年輕男子讓她自由選擇要去哪裡證明自己的話。於是安德莉雅建議到一間服飾專賣店裡。「然後我就進了服裝店的試衣間，並且把衣服脫了下來；他就站在我前面，和我隔著一塊布簾（……）當時我心裡不斷想著：『等等，你眞的要這麼做嗎？』」接著，安德莉雅拉開試衣間的布簾，全身衣服褪光，只剩內衣褲。「而他竟然死死盯著我看。」

聽到這則故事時，尤根．多銘安萬分驚訝：「安德莉雅，你瘋了嗎？」安德莉雅表示，她認爲自己在當下對自己並「不太負責任」，也很自責當時怎麼會那麼天眞，竟然被這種老掉牙的手法給騙了？想當然耳，當對方終於得逞、看到自己想看的東西後，立刻逃之夭夭，跑得無影無蹤。

如果說，就連拒絕一個全然陌生人的奇怪要求，都已經這麼困難的話，要拒絕一個親近且熟識之人的請求，想必更困難好幾倍。畢竟，誰會覺得拒絕重要的客戶、主管、老友或伴侶的請求，會是簡單的事？

對善良的人們而言，「不」這個字，就算有人掐著自己脖子也說不出口。那天發生在安德莉雅身上的事，其實每個人都常常遇到——有人希望我們幫忙做一件事。一般來說，當我們並不是很願意去做這件事情時，心中就會警鈴大作，但我們無法每次都認眞看待這個警告（「說『不』！說你根本不想做這件事！」），更多時候，我們把來自外部的期待看得比內心的警告重要許多（「說『好』！別人正在期待你這麼做！」）。

從心理學的角度來看，這是種相當有趣的反應：**我們竟然會外部化**（**externalize**）**自己的決策過程**。我們如此受到外圍他人的控制，以至於選擇拋棄與自己內在聲音的連結，從別人的立場爲出發點來做決定。換句話說，安德莉雅脫掉自己的衣服，不是因爲她想脫，而是因爲對方希望她脫。

善良的人們相信，說「不」是不禮貌的行爲，也是很過分的事。他們認爲，這麼做會傷害對方，而這絕非善良的人所願。善良的人們認爲，對別人說「不」無疑是種殘酷、自私自利的行爲；而在大多數的例子裡，這種心態也總是和「自我否定」脫不了關係。這些人多半對自己有很高的要求，爲了讓自己看起來不至於雙輸，於是善良的人會決定：如果自己的要求不允許被滿足，那麼好歹要滿足陌生人的要求。

在善良者的內心，「拒絕」充斥著滿滿的負面形象，這也是爲什麼他們鮮少把「不」說出口的原因。但如果你能成功地將這項舉動和具有正面形象的故事連結在一起，你就能爲自己的改變帶來許多機會。

爲什麼「不」是全世界最棒的字？

「我眞的不知道我在中國能幹麼。」蕾夢娜．賽德淡淡地說。之所以要去中國，是因爲她任職於全球知名企業的工程師丈夫，要接受公司外派到中國，爲期一年。「而且他先入爲主地認定我一定會跟著他去。」蕾夢娜說道。「我完全可以理解他的想法，畢竟我也不想一個人在地球的另一端生活。」

但另一方面，身爲女性雜誌的新聞記者，蕾夢娜奮鬥幾年後，好不容易即將被拔擢爲部門主管。看起來，中國對她目前的職涯一點幫助也沒有。

坐在諮詢室裡，她想知道自己該如何抉擇才是正確的。我注意到，她從頭到尾幾乎只以丈夫的觀點來陳述這件事。蕾夢娜說，如果她不跟著一起去，丈夫一定會如何如何失望；但相對的，自己的利益與願望卻隻字未提。因此，我邀請她做了一項我最愛的練習。

我在地上放了兩張超大瓦楞紙板，並在其中一張大大地寫著：**「說『不』會傷害所有人！」**接著我請蕾夢娜站在這塊寫了字的紙板上，並開始爲它辯護，說明爲什麼她無論如何都不該拒絕丈夫的要求。

一站上去，蕾夢娜毫不遲疑地開口說道：「我是個女人。我愛他。我不能就這樣拒絕，讓他一個人落寞地到國外去。如果我說『不』，就意味著『你對我而言一點也不重要』；如果我說『不』，就意味著『我們決定接下來一整年的時間裡，要各過各的生活，對彼此不聞不問』，而這很有可能會敲響婚姻的喪鐘。

「如果我讓他一個人去那麼遠的國家生活，說不定他會開始懷疑：也許我並不是那個對的伴侶。我的意思是：如果兩個人眞的相愛，那麼他們應該會盡可能時時刻刻在一起。如果今天我說『不』，會被認爲是一個破壞婚約誓言的信號。」

接著，蕾夢娜以相同的口吻繼續做了十多項陳述才停住。她將所有可能發生、最糟糕、最恐怖的情境全都描述出來：她老公可能會在那裡愛上一個中國女人（「要是讓他一個人外派的話，我就連抱怨的權利也沒有了。」）、可能因爲她在生活中的缺席而陷入憂鬱，或是很可能在做家事時發生什麼重大意外（「他完全不會做家事！」）。

越是聽她說，我越覺得她口中的「不」就像一把利刃，而她則想盡辦法不讓這把利刃插進心愛的老公胸口。

接著我拿出另一塊紙板，一樣大大地寫上：**「說『不』對所有人都有好處！」**我請她站在這張紙板上：「請你想像一下，今天你的『不』是對所有人都有益處的行爲。就像全世界上沒有任何字詞比它更善良、更對社會有益。現在請你開始替它辯護，說明爲什麼說『不』對你和另一半都是最好的決定。」

蕾夢娜一臉無助地站上那塊紙板，思索著該怎麼開口。好幾次她張口準備說些什麼，結果又默默吞了回去。過了兩分鐘後，她才眞的出聲：「好吧，說『不』對我有好處，因爲這樣一來，我就不需要放棄自己的職涯，我也可以待在我最喜歡的地方——我的朋友們都在的地方，也就是這座城市；而且至少我不會一整年都待在中國大喊無聊。」接著她又說了幾個理由。最後我問：「那麼你老公能從這個決定獲得什麼好處呢？」

這個問題又讓蕾夢娜支支吾吾了好一陣子，最後她開口說道：「我相信，眞心誠意地拒絕他，會比敷衍地答應，但事後不停抱怨來得好。我的意思是，假如我眞的跟他一起去中國一年，但整天覺得有哪裡不滿意、心情糟糕透頂，對他又有什麼好處呢？說不定回來後，我會時不時翻這件事的舊帳，說我爲他犧牲了一年，爲他毀了自己升職加薪的機會，因此無法成爲部門主管。說『不』也許會在讓我們的關係一時變得緊張，畢竟夫妻將因此變得聚少離多。但是我相信，他想要的是個自信有能力的女人，而不是一個永遠只會附和他想法的女人。」

隨著蕾夢娜爲此辯護的時間拉長，她整個人也越來越生氣蓬勃。這個剛剛聽起來還像是一把利刃的「不」，現在已鋒芒盡失——這完全是因爲蕾夢娜以全新的視角來看待它。

順帶一提，這個故事後來出現了一個有趣的轉折：當蕾夢娜雀躍而堅定地告訴另一半，她不願意跟著他外派至中國的決定後，她的丈夫說：「既然如此，那我乾脆拒絕這個機會吧。我也想留在比較近的地方，而且總公司也有其他有趣的升遷機會。」

這倒是完全出乎蕾夢娜意料之外：她沒想到丈夫竟然會退讓，還成功地避免了兩人的分離。在諮詢結束的兩年後，我再次見到蕾夢娜，她告訴我，學會說「不」爲她的婚姻生活注入了強大的活力。

往後的日子裡，蕾夢娜經常使用這個紙板練習，來取捨應該答應或拒絕。「說『不』會帶來什麼壞處和更糟的狀況，這個我自己就能想到了；但我只有利用這個練習，才能知道說『不』會有什麼好處。現在的我要拒絕別人，已經不再那麼困難了。」

一起來試試這項紙板練習吧！請你寫下三個自認為很難說「不」的情境。接著，請你完成以下這個句子：「說『不』對所有人都有好處，因為……」請記住，練習時也要以被拒絕方的角度來思考。接下來我們再看看其他人的練習：

這是一個我覺得很難說「不」的情境：

逛服飾店的時候，店員常會上前問我「想看什麼」或「需不需要幫你介紹」。因為我不願意開口拒絕，對方當然也就善盡職守了起來，但我總會覺得渾身不舒服；有時甚至會讓店員說服我買一些自己根本不喜歡的衣服。在家裡等著我的當然就是下一場夢魘：試穿後不喜歡，回店裡退貨。

說「不」對大家都有好處，因為……

店員和我有一致的目標：讓我在購物時感到舒服愉悅，並能因她的服務而做出正確的決定。如果我可以在不被關注的情況下，自己挑選衣服並試穿的話，較能做出正確的決定。而且這樣一來，整個購物體驗也變得有趣多了，因爲我知道我最後會做出較好的選擇，這家服飾店想必也能因此得到更好的業績，因爲我就不會那麼頻繁退貨。

現在輪到你了。

說「不」到底是困難或簡單，全看你如何操作這個想法。一個人如果認爲說「不」就像拿一把利刃插入別人的心臟，自然會對這個舉動驚恐得不知所措。但若能認清事實，知道所有人都值得一個眞實且正確的答案，就能更加輕鬆自然地拒絕他人。

現在，輪到你爲自己獻上一個有利且適切的心理框架了。事實上這只是從另一面來看待事物。比如說，當你告訴自己：「接下來每四個請求中，我會選一個拒絕！」可能會讓你覺得不太不舒服，因爲這時候的焦點放在「拒絕」，而這一點違背你的自我形象。但如果反過來說：「接下來每四個請求中，我會接受三個！」你一定會覺得好過些，即便從實質的角度來看，並沒有改變些什麼。

請相信我：內心的轉變，絕對會向外散發出來，並顯示在你外在的表現。你越是堅定自信地說「不」，你的拒絕就越能自然而然地被對方接受。

暗地裡操縱他人的伎倆

另外還有些人試圖在背地裡打算讓你隨他們的節拍起舞。透過潛意識暗示的訊息，再加上一點心理壓力，一個像你這樣善良好心的人，很容易就會聽話、乖乖被操縱。藉由這種方式，本來你已經準備要說出口的「不」，也會直接變成「遵命」。

只有熟悉這些擺布好人的小伎倆，你才能眞正建立自己的武裝。因此，接下來我將向你介紹這些最卑鄙骯髒的操縱伎倆，了解其他人如何利用這些方法強迫你說「好」，同時也將一一說明反制的技巧。

伎倆一：誇獎

在某次社團集會中，社團主持人特別點名讚揚你，感謝你過去幾年來爲青年活動的努力與貢獻：「全體社員都非常感激你如此盡心盡力地栽培青年新秀！」社團主持人說道。在誇獎你的同時，社團主持人「順便」請你義不容辭地再接下一個青年團體，雖然他明知道你的工作量早已遠超過你能負荷的程度。

伎倆：誇獎就像包裹苦澀藥丸外面的那層糖衣，好讓你願意吞下去——吞下一個你原本不想吃的東西，或讓你之後仍願意維持相同的行爲。因爲如果你不吞下去，你就會擔心別人收回這份讚美（例如：看來你並不像以前一樣，對青年活動那麼盡心盡力）。

反制策略：請先對自己所獲得的讚美表示感謝，接著再提出拒絕的理由，例如：「眞的很謝謝你這麼肯定我過去的貢獻。但正因爲我必須付出這麼多，因此接下來這段時間內，我不能再接下更多新的任務。」

伎倆二：賦予正向期待，讓你繼續說好

當女大學生安德莉雅被問到「是不是一個隨興的人」的時候，她心裡很清楚：提問者希望聽到她說「是」。這樣一來，她便掉入了陷阱：身爲一個善良好心的人，怎麼能在不顯出自己像是個騙子的情況下，拒絕隨之而來的內衣褲問題呢？

伎倆：人們首先會以一些正面問題來提問。這些問題是如此正向，以致你迫不及待地表示認同。例如問你是不是一個對新事物保持開放態度的人、是不是一個思想活躍開放的人，或你是不是一個會踴躍參加公司事務的人。正如許多業務員所傳授的技巧，一旦你上鉤、先說出第一個「好」之後，就很容易把你越拖越遠，到達一個對你其實有害、但對提

問者有益的程度，例如：最後你應該買下這樣物品、應該答應一個過分的要求，或應該接受無條件的加班。

反制策略：請再次強調你的第一個答案，但也請勇於表達出來：第二個要求對你而言太過分，例如：「雖然我是個隨興的人，但這不代表我願意跟一個陌生人站在大街上談論自己的內衣褲。」

伎倆三：有條件地收回對你的愛

當伴侶對你說：「如果你眞的愛我，那你就該爲我放棄那項很花時間的嗜好。」或是當老闆對你說：「如果你眞是個忠心的員工，那你就不該問任何問題，而是不假思索地執行我給你的任務。」

伎倆：對方會給你一種「一旦你說『不』，就會賠上彼此的關係，或基本上你就破壞了兩人關係」的感覺。但事實上，感情和工作這兩樣東西根本不應該彼此掛勾。

反制策略：請你大膽指出，你們的良好關係不應該建立在他希望你總是提供討喜的答案，而是正好相反：「正是因爲我愛你，我才想告訴你眞正的答案……」或「正是因爲我對你相當忠心，我才想問你……」

伎倆四：社交排擠

你的主管說：「當然，你絕對有權利不參加部門的聖誕聚餐。只是我相信，如果你不去的話，你就會失信於整個部門的人。請你再好好考慮一下。」或是鄰居告訴你：「如果你不來參加社區的義賣活動，我就讓整個社區的人排擠你。」

伎倆：引發你內心深處的恐懼：會失去依靠、被排擠、孤單一人。彷彿只要你說了「不」，就等於為自己打開一扇通往監獄禁閉室的大門一樣，而且一旦進去後，想出來可就沒那麼容易。

反制策略：請你清楚指出，大家對你的好惡並不只因為一個「是」或「好」：「我和同事們的關係相當良好，這是經年累月長期累積下來的。因此我相當清楚，大家會理解我的決定。」

伎倆五：情緒勒索

一位朋友剛剛打電話給你，並希望今天晚上就約你出來見面。當你明確告訴對方「今天太趕了」、覺得並不合適時，他隨即說道：「你如果真的覺得我這麼不重要；寧可待在家裡什麼也不做，也不想跟我見面，我當然可以明白這就是你的決定。」

伎倆：這裡使出來的伎倆是情緒勒索，對方就是想表現出你的拒絕已經冒犯了他。他當然希望你會立刻否定這樣的假設，也因此會立刻改口說好，答應他出來見面。

反制策略：請駁回他對你所做決定的錯誤解釋，並在這裡小心地以其人之道還治其人之身（請注意最後一句話）：「你對我而言當然非常重要。只是這一切都無法改變我今晚已安排其他計畫的事實。如果我對你來說也同等重要，你應該能明白我的決定。」

伎倆六：事先預設你同意

一位遠房親戚打電話給你，並說：「烤肉那天，你就帶你那眾所周知、超級美味的馬鈴薯沙拉來吧！這點小事對你而言應該是舉手之勞對吧？對了，你要記得帶酸奶油醬，還有你那個超棒的蘋果蛋糕。」

伎倆：對方根本不打算問你究竟同不同意（畢竟要是問你的話，就等於給你機會拒絕），而是直接預設你會答應，好像這件事再自然不過似的，只要別人想要，你一定會照著做。

反制策略：請你明白指出對方提出了哪些要求，並清楚回答你能滿足哪些，而哪些不行：「你想請我幫烤肉聚會準備三樣菜：馬鈴薯沙拉、酸奶油醬和甜點蘋果蛋糕嗎？我只能答應你其中一樣：馬鈴薯沙拉。」

伎倆七：故意把大事說成小事

某位同事找上你：「這只是一個小問題，我想你能幫我解決。事情是這樣的……」但接下來同事所細數的，卻是多像有如一整座山的工作量。又或是：一個親戚請你「順便」開車來接他，並「順路」載他回家：「你只要繞一點點路……」但當你再次確認他口中所謂的「一點點路」時，發現居然是整整三十公里，到底哪裡順路了?!

伎倆：把一項龐雜的要求微小化。這樣一來，對方就能成功地讓你感受到道德壓力：要是連這麼微小的要求都拒絕的話，你就顯得是個吝嗇又自私自利的人了（而且對方很清楚，你有多害怕被認爲是這樣的人）。

反制策略：請你清楚指出，請求的大小難易並不是你做決定的標準與因素，更基本的考量才是：「不論今天你要求我幫的忙（或繞路的距離）是大是小，我現在就是不方便，因爲時間上安排不過來。」

伎倆八：間接要求

一旦決定開口要求別人什麼，就該有遭到拒絕的心理準備。要是有人能用什麼伎倆，讓你自願開口提供協助，這個人就可以成功規避被拒絕的風險。大多數時候，這些人只需要對你稍加暗示，你就會自動跳進去對號入座。舉例來說，你的主管只稍微提一下：「我真不知道，誰能幫我做○○○○。如果有人能幫忙，我一定開心得不得了。」

伎倆：你必須接受對方的「引誘」，自動把手舉得高高的、表示想幫忙，這是因為你身為一個善良的好人，不願見到有人遇到無法解決的問題，還一個人被晾在那裡。

反制策略：請你千萬不要上鉤。相對的，你可以有禮貌地說出一些句子來表達自己的中立立場：「我衷心希望你能找到好的解決方法。要是有人剛好有什麼主意的話，我會留意一下的。」

伎倆九：習慣成自然

在孩子成長的這些年裡，你一直幫孩子收拾所有衣物。如今孩子終於稍微大了一點，於是你要求他們收拾自己的房間與衣物。但你兒子卻直截了當地問：「可是一直以來都是你在做這些事情，以前你從來沒覺得哪裡不好啊。」又或者，公司裡的大家都知道，除了分內的事，你也時常兼顧企業實習生的教育訓練。直到有一天，你實在覺得壓力太大了，拒絕了這項額外的任務，沒想到你的主管卻說：「可是這一直以來都是你的工作啊！」

伎倆：基於過去你已經答應要承擔任務的事實，其他人於是自動認爲：既然你過去已經答應過，未來就有可能繼續承擔下去。你心中立刻開始良心不安起來，當你拒絕大家的要求時，感覺就像你剝奪了其他人原本已經擁有的東西。

反制策略：請你清楚指出，過往的熱心幫忙，不表示你有義務在未來繼續幫忙，反而應該就此得到豁免權：「正因爲過去好幾年，我除了本身的工作外，也帶了好幾屆企業實習生，所以我認爲：現在是最好的時機，把這項任務交棒給下一個人。」

伎倆十：請開個例外

你已經和女兒約好了，她的門禁是晚上十點，最晚必須在這個時間回到家。但就在她準備出門的當下，她站在門口眨巴著眼看著你，哀求：「拜託啦，眞的只有這次而已：我今天眞的很想在外面多待一個小時，因爲……」

伎倆：你應該因此放棄自己的堅持——反正不是全部，只是在這個情況下的例外；還是說，你寧可鐵了心，拒絕所有的請求？請記住，每一次例外，都會削弱你未來堅持的力道。到最後，要是你哪一天眞的將拒絕貫徹到底，反倒會成爲例外。

反制策略：請再次重申拒絕的理由，並解釋這是你們之間的約定；既然是約定，就沒有討價還價的空間，當然也不能容許例外：「我們已經說好是晚上十點。這個時間已經相當寬容，就是爲了不要每次都爲例外情況另外談判。門禁就是十點，沒有例外。」

好人如何說「不」？

沒有人天生如此：一坐在鋼琴旁，馬上就能像個專業表演者般開始演奏。大家都知道，若想像個專業演奏者一樣彈琴，就必須花費許多時間練習。拒絕別人也一樣，當然也是件需要練習的事情。如同彈鋼琴時需要注意複雜的觸鍵和音色等細節，學習說「不」也是。因爲「好人」的標記早已烙印在你身上，要學會說「不」，對你而言當然更是困難重重。到底該怎麼讓一個善良好人能不加思索地拒絕別人？請你依底下所列出的十五項技巧逐一練習，並將這些技巧熟記於心。

一、請將每個說「不」的機會視為成長的契機

或許目前為止的人生中，每次遇到需要拒絕別人的時候，你都會選擇退避三舍、山不轉路轉的方式繞路走。你心中想像著：要是拒絕了別人，就會激怒對方，對方會討厭你，而你的拒絕對他而言就是個殘酷不仁慈的行為。

與其如此，何不將注意力放在「這是個能當做練習的好機會」？例如，你大可對自己說：「太棒了，這眞是個絕佳機會！現在我終於能試試看怎麼捍衛自己的權利。每一次拒絕都是在練習替自己的利益與需求發聲，都是在練習捍衛自己的目標和夢想；而在每次拒絕的過程中，我都能有所學習與成長。這樣的練習會不斷增強我的自信，我也會因此獲得他人的尊重。總而言之，謝謝這些能讓我練習拒絕的機會，我相當樂意接受它們！」

這樣的觀點能為你帶來許多優勢。首先，「拒絕別人」將變得更有吸引力。其次，你將散發出自信的光芒，因為從今以後，拒絕別人將成為你再自然不過的反應。至於那些圍繞在身邊、打算伺機操弄你的人們，今後便失去了擺布你的機會。

二、將注意力放在自己的內心，而非他人的意見上

所有不自覺便脫口說「好」的善良人們，絕大多數都是在莫名其妙的情況下答應別人的。這是因爲當下你不但沒仔細傾聽內心的聲音、感覺自己需要什麼，反而將全副心力放在他人身上：「他想從我身上得到什麼？我的拒絕會對他造成什麼影響？」如果這經常是你做決策的基礎，就好比一位法官在確定判決前，只聽了片面之詞而已。

請你務必將自己的專注力放在公平公正的決策過程上。如果有人開口要求你幫忙任何事情，請先在內心問自己以下問題：

- 我想幫忙嗎？
- 這和我自己的計畫有沒有衝突？
- 我的感覺還好嗎？
- 我的身體對此有什麼反應？

來尋求諮詢的一位女性就曾親口證實，她時常發現自己在答應幫忙別人時，雙手其實早就在口袋裡握成了拳頭。透過以上這些問題，確實幫助她立刻發覺自己眞正的意向，而

能即時地清楚表態、拒絕他人的要求。

三、時刻提醒自己，你的自信將隨著練習日漸成長

健康的自信是如何養成的？絕非透過別人對你的看法與意見，而是你對自己的理解與想法。每一次你違背自己的意願而答應對方時，就等同於屢屢將你的自信埋進地底；每一次當你因爲懶得爭辯而輕易向別人妥協時，就是讓你的自信再次萎縮。這全是因爲你從來沒有認眞看待過自己的願望和利益。

只有堅決果斷地爲自己的利益與需求出聲捍衛，才能眞正產生加強自信的效果：每一個你拒絕的過分要求，都能讓你的勇氣增長一寸；每一個被你駁回的人，都能加速自信的增長。舉例來說，你可以這樣提醒自己：「只要我說『不』，就是爲自信做了件好事。不管其他人怎樣看我、覺得我因此是個很糟糕的人或仍是好人，那都是他們的事，與我無關。只要我能更不在乎這些意見，我就會更喜歡自己一點。這有助我培養出越來越強大的自信。」

四、認清每一次拒絕，就是給自己的需求與利益一個肯定

「不」這個字聽起來就像是個障礙物，就像是在拒絕他人。但這樣的視角眞的對嗎？現在請你從另一個視角來看這項說法：每個你對其他人說出的「不」，就是對自己說出的「好」。

- 對加班說「不」，就是對一件更偉大的事情說好，例如和朋友歡樂相聚的一晚。
- 對邀請說「不」，就是在對一件更偉大的事情說好，例如寧靜獨處休養的時刻。
- 對升遷機會說「不」，就是在對一件更偉大的事情說好，例如你將有更多時間陪伴家人。

在轉換視角上，最關鍵的想法莫過於：你這麼做，是在爲自己的需求發聲辯護，而不是在反對其他人的意見。

如果你能從此刻開始，把「不」視爲一個能幫助你的關鍵字，幫你重新建構生活、分配時間、安排優先順序，你的生命將會有多麼不同？我敢打賭：當你能重新定義並以全新視角來看待同一個字，絕對能讓你往後使用它的時候充滿喜悅與期待，而不是沮喪與挫

折。請務必試試這個全新視角！

五、別扛著其他人的包袱到處跑！

善良的人習慣把別人的問題往自己身上攬。假如辦公室裡有位同事負債累累，因為她除了是個月光族，也會借信貸來還卡費。這時，這位同事站在你的辦公桌旁苦苦哀求，請你借她一點錢（但她上次跟你借的錢還沒還）。身為善良好人的你立刻開始思考：「如果我不借她錢，她今天晚上大概就沒有飯吃了；或是她可能就沒錢幫小孩買書了；或是她今天就沒錢繳電話費，手機要被停話了。」

就是這種想法鼓勵你借錢給她。但是請注意：拉人一把脫離泥沼的人，通常也是把對方推進泥沼的人。你的好心腸只是在助長她寅吃卯糧的習慣。舉例來說，你借給同事的錢不過是讓她更晚才認清，以自己的經濟狀況，她必須調整自己入不敷出的消費習慣。

就我二十年來身為職涯與個人諮詢顧問的觀察來看，我向你保證：你所能做出最善良的行為，就是讓一個人完完全全地獨立、為自己的人生負責，而不是把他的人生責任扛到自己肩上。要讓你的幫助獲得最佳效果，只需要說一個簡單的字：「不。」

六、給自己時間思考，別讓自己措手不及！

某個人急匆匆地找上你，問道：「你可以幫我做○○○嗎？」接著，出乎意料的，你的嘴巴在腦子還來不及反應前，就立刻吐出答應的話語。幾秒鐘後，你開始對自己生氣：「我剛剛爲什麼答應他？我幹麼不直接拒絕？」

心思細膩敏感的人身上經常發生這種情況。你會不自覺地在談話中將自己的觀點立刻校準到與對方一致；至於你腦中眞正的想法，得要稍晚才會浮現出來。換句話說，對方想從你口中聽到的「好」，遠比你心裡慢慢浮現出來並感受到的「不好」，還要更快就會從舌尖彈跳出來。

現在請你想像一下：大腦裡有兩只抽屜，一只你很常用，所以一直是開啓的狀態；另一只比較少用，所以不但是關上的，要拉出來時還會有點卡卡的。當你在時間壓力下被迫回答問題時，你會自然而然地伸手往已經打開的抽屜裡撈。那只抽屜裡所存放的，正是你從小到大在父母親、老師身上學會的獎勵機制，只要你說「好」「馬上辦」「沒問題」「我現在就做」或「現在解決」，就能得到。

相反的，如果想打開那只有點卡卡的抽屜，你得多花一些注意力和時間。而那只抽屜裡存放的，正是「不」「我不參加」「現在不方便」「我已經有其他計畫」或「我不想這麼做」等詞彙。

你該怎麼做，才能多爭取一些時間，好讓自己有機會去打開那只（還）不習慣打開的抽屜呢？太簡單了，你只要說：「讓我考慮一下，我等等再回覆你。」要注意的是，請務必用直述句，而不是帶著請求語氣的句子。這是因爲請求句等於提供別人拒絕你的機會（千萬別說：「可以給我一點時間思考嗎？」）。接著請在心中好好釐清自己的想法，選擇你想打開的那只抽屜。如果你決定拒絕，那麼請建構一個強而有力的拒絕句，並爲自己的決定辯護。擁有這段安靜且堅定意志的過程，對加強你的自信將有相當大的幫助。

七、友善並珍惜地給予他人回應

善良好心的人通常會做出極端的情境想像，例如：如果我答應了，別人就會覺得我是個善良、爲大家著想、親切又坦率的人。但如果我拒絕了，我在別人眼裡看起來就會是個粗魯、自私自利又自我中心的人。我必須要說，在這種思維底下，你完全忽略了另一個可能性：你其實可以用親切又充滿敬意的方式好好拒絕對方。

這該如何進行？首先，拒絕對方前，請你先讚美對方向你提出的請求，接著在談話的最後表達對他的祝福。例如：「謝謝你來邀請我。你能想到我眞的讓我很開心。可是我那天已經有了其他安排。我衷心祝福你的慶祝會成功圓滿。」

你給予對方的珍惜與重視，並不取決於接受或拒絕對方的要求，而是你如何說出自己的決定。一個眞心誠意的拒絕，往往比一個無異於反射動作的隨口答應，更能讓對方感受到你的珍惜與敬意（以及你眞誠的思量）。即便最後讓對方碰釘子，也能透過口語表達，讓對方感覺這是根有禮貌與眞心的軟釘子。

八、讓你的拒絕顯得自然而然且合情合理

許多善良的人在拒絕別人時，總是夾帶著無比的愧疚與不安：「我眞的很抱歉，但我眞的無法參加。我希望這樣不會打亂你的計畫。抱歉，眞的，眞的完全不行。」

當你不停爲自己的拒絕「道歉」時，你認爲對方會產生什麼印象？對方會認定——如你一再強調的——你「有罪」，而且因此必須請求他的原諒。但是聽好了，你絕對不會得到對方的原諒，因爲在你口口聲聲的抱歉裡，對方已然嗅到了可變本加厲繼續施壓的機會：「就是會，你就是故意把我整個計畫打亂！所有賓客都答應出席，只有你。現在就不顧一切地答應我吧！」

事實上，只要你換個方式，自然就能水到渠成了：請有禮貌但堅定地表達你的意見，

且不需要夾帶任何請求原諒的字句。邀請的本質，就是對方遞出後，你仍有拒絕的權利，否則就不叫邀請，而是國軍入伍通知令；請求的本質，就是你並不一定要滿足這項要求，否則就不叫請求，而是命令。表達拒絕並不代表你因此有罪，你僅僅是行使選擇的權利而已。既然如此，就該在拒絕時表達出正確的態度。

九、訊息要清楚，肢體語言與口語同樣重要

當你說出「不太可能」時，對方接受到的訊息裡其實也含有：「也就是說，或許有可能！」若你口口聲聲拒絕對方，臉上卻掛著禮貌微笑，那麼你所傳送出的訊息就是：「我的意志並不堅定。」而當你一邊拒絕，一邊卻緊張地摩挲著下巴或不停用手指轉著原子筆時，對方接收到的訊息便是：「我不太確定——或許我還是很可能答應。」

當你傳送出一個雙束訊息時，接收者只會選擇聽見他想要的部分：你或許有可能答應。他會視這個訊息為再次邀請的暗示，並施加更多壓力，好讓你能鬆口答應。

這就是為什麼清楚傳遞訊息是這麼重要的事。威斯康辛大學的學者從研究中得出，面對他人請求時，有效說出拒絕的最佳方法：簡潔、集中目標且不帶任何長篇解釋。最好的方式，就是以「不」來開啟你回答的第一個字。例如：「不，這個週末不行。週末我已經

有其他計畫了。」像這樣的禁止告示，能有效地讓其他人沒有任何玩文字遊戲的空間。

請避免所有不確定和能軟化語氣的詞語，例如「或許」「其實」。當你選用的詞彙越堅定，你所能獲得的嚇阻效力也越強。面對相對節制與委婉的同事時，你可以使用語調相對溫柔的句子，例如：「不，很可惜現在不適合。」但態度強勢的同事多半只聽得懂清楚明白的詞彙，例如：「不，這個免談。」「不，這我不考慮。」「不，絕對不行。」這類句子明顯表現出，你的拒絕就跟水泥一樣堅硬無比，沒有其他商量的空間。

拒絕他人時，你需要用較低沉的語調，再配合封閉式的肢體語言（例如將雙臂交叉於胸前），更能強調你的口語訊息。拒絕他人時，請直視對方的雙眼；若能在肢體上保持與對方相同的高度就更好了。也就是說，如果對方直接走到你的辦公桌前，那麼請你先站起身來，再表示拒絕，千萬別讓對方在能俯視你的高度和你說話。

十、讓對方明白，他能從你的拒絕中獲得什麼好處

如果今天老闆要求你加班，但你的工作量已經多到你必須咬牙硬撐的程度，你該如何回應他？當然，你可以直接拒絕老闆，說你徹底筋疲力盡，需要回家好好休息。但更聰明的方法是，把對方的利益和你的拒絕綁在一起——老闆能從中了解到，你的拒絕對他有好

處：「現在的我已經沒有什麼專注力可言了。我需要下班，好好休息（以你的視角開啓這個句子，再將你的利益與對方連結），這樣我明天就能全力專注在工作上。因爲我們正在進行的專案非常重要，不允許我們在操作上犯任何錯誤（強調在目前的狀態下繼續工作不利於品質，因爲疲勞很可能會導致錯誤與瑕疵）。」

當然，有些主管並不在意自己的員工是否獲得充分的休息，但每位主管絕對都喜歡員工能從一大早就充滿生產力，也絕對都想避免員工在工作上犯錯；畢竟要是出錯，他就得拿自己的名譽去賠償了。

不過在你拒絕前，請先在心裡想清楚，對方能透過你的拒絕得到什麼好處，接著再將自己的需求與此利益連結在一起。如此一來，拒絕別人的同時，你仍能讓人感覺是在爲共同利益著想。此外，在顧及共同利益的前提下，你遭遇反駁、需要爲自己的拒絕辯護與抗爭的機率也會相對較小。

十一、讓你的拒絕成為堅定不移的堡壘

當你拒絕一個小孩的願望的時候，你猜他會對你說什麼？當然，他一定會說「拜託，拜託啦！」好動搖你的決定。但這不是小孩專屬的行爲，成人也一樣。許多人將第一個拒

絕視爲談判的開始，且戰且走，看看是不是還能變出什麼花樣！

危險的陷阱來了：因爲對方和你斡旋，於是你往後退了一點；因爲你已經對他退讓了一些，於是他更使勁地把你整個人往他想要的方向拉過去，直到他得逞爲止。

策略：不要開啓任何討論的可能，這只會讓對方抱著錯誤的期待；也不要給對方更多新的理由，這只會激起對方以更多理由反駁你。比較妥當的做法是：用同樣的句子堅決地重複你的拒絕，例如：「不，絕對不行。」不論對方再提出任何新論點、語帶威脅、試圖激起你的同情心，或警告你這是一意孤行的自私行爲，都請你繼續重複這句話：「不，絕對不行。」

這種方法稱爲「破唱片法」，也就是像破損的唱片一樣，在同一個地方不斷跳針，在使用上有其相當的優勢：你會讓對方感到很挫折。他會發現自己的嘗試毫無效用可言。整個情況依舊和一開始一樣，就連你的回應也和一開始沒兩樣。很快的，對方就會停止繼續用話術來衝撞你這堵水泥牆了，畢竟再用力撞，也只是讓自己頭破血流而已。如此一來，你的拒絕就能堅定地固守到最後。

十二、揭開操弄手法的面紗

「你能很快幫我處理一件很重要、很重要的小事嗎？事情是這樣的……」如果有人找上你，並對你說這些話，而你聽完後也發現，所謂的「小事」一點也不小，那麼他不過是想以時間上的壓力來逼你答應而已。只要在時間壓力下，你就會自動把手伸進那只已經拉開的抽屜，而不會花任何時間思考有沒有拒絕的可能。

情況也許是這樣：一位同事誇獎你「絕佳的外語能力」，接著他便要求你幫忙他翻譯一份文件。在這種情況下，他的誇獎不過就是爲了想誘導你答應而說出的諂媚之詞罷了。

當有人試圖操縱你、要你說「是」時（這是自戀型人格者常用的手法），你會怎麼做？要怎麼揭穿它，才能讓它失效？其實你只要將對方操弄你的意圖攤開來，這些人就會一溜煙地消失無蹤。舉例來說：「你這樣做，只是想讓我感受到時間的壓力。但我必須安靜地花點時間考慮，才能下決定。」或是：「你這樣稱讚我的語言能力，不過是因爲你相信我一定會幫你翻譯，然後你的工作就輕鬆了？」如此一來，對方反而必須爲自己的行爲辯解，你就能爲自己贏得時間與空間好好思考，並做出心口一致的決定。

十三、如有必要，請發射煙霧彈

當你想說服一個人的時候，常常會覺得像是鬼打牆一樣。舉例來說：一旦你找出新理由反駁對方，對方就覺得他有必要再提出一個新的理由來拒絕你。就像是你用力地要把一顆球壓進水裡，但你越往下壓，球往上浮起的反作用力就越大。正確又簡單的反制方法其實是：不要反駁對方的理由，而是為你已提出的拒絕理由找到足夠的正當性：

「去一趟紐西蘭，你絕對不會後悔的。」，朋友向你這樣打包票。「它畢竟是地球上數一數二美麗的國家。」

「可能吧，紐西蘭可能是全世界最美麗的國家之一，但我就不一起去了。」

「但我們這一群的每個人都答應要去，要是你不去的話，就太不合群了。」

「就算你覺得我不去很不合群好了，我還是不一起去了。」

「你到底是怎麼回事？怎麼突然就變得這麼自私自利？只想著你自己，都不顧大家想要什麼嗎？」

「或許我很自私自利沒錯，但無論如何我都不會一起去。」

看到了嗎？你一旦回應對方反駁的理由和論點，就會激起對方辯論的欲望，而不斷提出新的反對意見。反過來說，如果不論對方說了什麼，你都只表示完全的贊同，那麼他很快就會認清，就算提出更多論點也無濟於事，再繼續下去也只是在嘴上打迷糊仗而已。這也就是爲什麼大家會稱呼這種技巧爲「煙霧彈法」。

十四、請以你內心的法則為依歸

善良者在考慮拒絕別人時，永遠都能感受到對方施加的壓力，那是因爲不論提出任何原因，通常都能輕易地被扳倒。例如，善良好人通常會說：「我無法參加派對，因爲我另外有約了。」對方就會立刻反問：「另外那個約沒辦法往後延嗎？」或者當他們說：「我沒辦法借你車，因爲我晚上八點還要接我女兒。」對方就會說：「可是我晚上八點半才要用你的車啊！」

在這種情況下，如果你能堅持內心的原則，那麼拒絕的理由聽起來就會更難以撼動：「基本上，每個禮拜三晚上是我的家庭時間，是和家人共處的時段，也是我和家人討論好的原則，沒有任何例外。」又或者，可以這樣說：「原則上，我從不出借我的車子。我跟其他來問我的人都這樣說。因此，我在這裡再重申一次。」

所謂的原則就是你內心依歸的法則，當你運用它時，你的權威性就會得到正面的增長。對方馬上就能明白，再與你糾纏下去沒有什麼意義。

十五、提供替代選項

儘管你已經拒絕，但如果你仍願意幫忙對方的話，請考慮一下是否有其他替代選項能提供給對方。舉例來說，如果有人想遊說你參加一趟短期旅行，你可以這樣回答：「我有其他計畫了，沒辦法去；但我想，不如我們改天再約出來一起吃個晚餐吧。」

再舉另一個例子。比如你的主管急著找人來當專案負責人，你可以先拒絕，但同時建議：「問問碧姬吧。碧姬最近才提到，她很願意再接個新專案。」

這種提供選項的好處在於，一能表現出你仍願意幫忙的善良態度，畢竟你給對方提供了一個相當有建設性的替代方案；二是自己針對這項要求所做出的拒絕，不會再受到對方的後續攻擊。

檢測你是否「人太好」

莫名其妙變成代罪羔羊

情境：

我還在某生活流行雜誌當總編輯時，曾接到一位電視編輯的電話。她打電話來的目的，是希望我能爲她推薦一位美妝專家，做爲下午時段一個談話節目的來賓。我很樂意地在電話裡跟她稍微介紹了一位適合的女同事。那位編輯聽到後相當開心，但我隨即告訴對方，關於上節目這回事，我需要獲得頂頭上司的首肯才行，老闆點頭說「沒問題」之後，我會再告訴她。

但我的老闆拒絕了。懷著有點愧疚的心，我只好再打電話給那位編輯。沒想到對方勃然大怒地隔著電話對我咆哮：「你這個不守信用的人！這種事我打從出社會以來還沒遇過。虧我那麼信任你！」我被她突如其來的怒火嚇得有點不知所措，同時也發現我的心跳加倍狂跳，而這位編輯的反應也相當令我光火。我該怎麼做？

練習：

如果換成是你，你會怎麼做呢？

我的反應：

我告訴這位編輯：「我們原本就說好……」但不等我說完，對方又開始咆哮。我多次嘗試幫自己辯解，只是她一直打斷我的話；過了好幾分鐘後，我的耳朵已經開始隱隱作痛。等我終於再接著說：「我之前已經很明白地告訴過你，推薦只是暫定，我還需要老闆的首肯。我眞的很抱歉，我老闆不同意這件事。」那位編輯咆哮得更大聲了：「你以爲你說『很抱歉！』就能解決什麼嗎？我才不買你的帳！」

回顧：

當時我不該繼續著墨於我們先前的談話，而是應該直接禁止對方繼續用這種高壓且攻擊性的聲調和我說話：「你說話的音量已經讓人無法理性對話，而且我現在也感受到相當令人不舒服的壓力。你可以選擇將音量降低，我們好好就事情本身來討論，不然我只好掛掉電話。」

結論：

我允許那位編輯對我大吼的時間越長，她就越感到自己有權利這麼歇斯底里地對我大吼。而且我最後不但沒有堅持自己的原則，反而還向她道歉（「我眞的很抱歉」），這行爲無異於將自己推入無限的罪惡深淵。

現在我學到的拒絕方法，才是正確且正直的做法：畫清所屬領地，並清楚地宣告闖入的後果是什麼。假如我一開始就這樣表明立場的話，一切就會清楚許多。

善良的陷阱：

身為善良好人的一員，一想到要拒絕別人，心裡就難免有千百個良心不安，電話那頭的編輯絕對察覺到了這一點。我對於事後必須回絕提供節目來賓感到十分不自在與愧疚，正因為她很快就發覺我已經採取防衛姿態，使得她更是毅然而然地展開更粗暴的攻擊，活像是老虎追殺已經入口但又溜掉的肥羊一樣。

我學到的教訓：

即便有人對你相當生氣，也千萬不要忍受對方的大吼。只有他才需要對他自己的感覺負責任，你不需要替他承受這些情緒。請保護自己的尊嚴，唯有如此，別人才會尊重你。

第 8 章

如何在職涯上展現決心？

在這一章，你會學到：

☑為什麼謙虛只會阻礙你成功？

☑為什麼頭銜遠比善良好人想像中來得重要？

☑當別人偷走你的點子時，你可以怎麼做？

☑在七種情況下，你應該將善良好心放在一旁，並展現自己的特色與決心。

爲什麼謙虛只會阻礙你成功？

假如每位學生在期末考結束後，都必須上臺大聲宣告自己預測的期末考分數，你認爲會發生什麼事？他們的預測會符合實際結果嗎？高估的人占多數？還是低估的人比較多？

我們再繼續假設，如果所有大學生在公開表示自己的預測後，都必須再次把自己認爲的分數寫在小紙條上並匿名遞交的話，你認爲，這兩次預測的分數會一致嗎？或是有所出入？如果是，會有怎樣的差異？寫在紙條上的預測分數，會比公開宣布的高或低？

實驗證實，公開宣布自己的預測分數時，男學生往往會美化自己的成績，例如公開宣告時，男學生會說自己得了八十分，但寫在匿名紙條上的分數卻只有七十分。女學生則剛好相反：她們在公開場合宣布的預測成績多半是較低的數字——如果她們認爲自己應該可以拿到九十或一百分的話，在公開場合裡，她們會說自己大概只能拿個八十分。

想在群體前美化自己績效的人，要傳達的訊息顯然是：他想獲得團體的尊敬，同時不想公然顯露自己的弱點。既然如此，爲什麼有人會自願在團體面前貶低自己自己的成就呢？

原因在於，在教養小孩的過程中，比起男孩，女孩被灌輸「善良品行」的比例更高。舉例來說，女性會這樣解釋貶低自己績效的行爲：「我只是不希望那些考得比較差的人難受。而且，如果我公然預測自己應該考得不錯，聽起來不就很像炫耀嗎？更何況，如果我眞正的成績比預期的還糟，那有多尷尬啊？一定會有很多人在背後嘲笑我。」

從上述解釋裡，你可以看到兩項阻礙善良好人（當然也包含了善良的男性們）在職場獲得成功的主要原因：

一、不平衡的同理心

總是花心思幫助別人，卻沒有花足夠的心思幫助自己，這是種本末倒置的行為。當自己出於細膩的心思、不想傷害同學的感受，因此低報自己的成績時，同學們卻堂而皇之地出於自負心態，將自己難看的成績美化了。兩者同時發生的結果，導致了事實的雙重扭曲。一位原本認為自己能拿到八十分的女學生，在團體面前醜化了自己的成績，說自己只會拿到七十分；另一位原本考試成績只有六十五分的男學生，則選擇在團體面前美化自己的成績，說自己能拿到七十五分。如此一來，彼此成績的差異，就從男同學事實上落後十五分，戲劇性地變成了男同學領先五分。

這樣的行為，與性別角色養成也有絕對的關聯：父母往往會更強烈地鼓勵男孩，為自己的利益和權利發聲，同時也給對方一點顏色瞧瞧。女孩則正好相反，父母會教育她們成爲擁有仕女風範、謙虛美德與靦腆性格的女性。

在這場考試裡，醜化自己成績的女同學們尙且還能得到寬容的對待，畢竟老師會以客觀的標準來評定學生作答的成績。但在往後的職涯裡，哪有什麼公平客觀的標準來評論成功與績效呢？我們舉幾個例子來看：

- 當一個人在共同會議上提出想法時，大家會依什麼標準來評斷其價值？
- 當一名求職者投遞履歷時，有什麼公平客觀的標準能衡量此人是否眞能勝任這個職位嗎（求職者可能只是假裝自己勝任）？
- 衡量一項專案的執行是否成功時，是依照什麼標準來評量？
- 一名員工今年是否値得加薪，可有什麼中立的評分系統來評斷？
- 顧客對你留下的細微印象與對服務品質的滿意度，是怎麼評定的呢？

事實是：職場上的成功與否，往往取決於非客觀因素，也就是主觀的印象——你的主管在主觀上對你留下怎樣的印象。倘若他對你並沒有清楚的印象，那麼便會自動篩選出一幅「他認爲」最符合你的模樣。職場上的成功並不完全來自於你「實際獲得」的績效，反而大多來自於你所創造的形象表現出來的樣子。你實際的表現不過占其中很小一部分而已，絕大部分取決於你多會推銷自己，以及你與決策者之間的關係有多親近。

換句話說，自我形象營造遠勝於勤勞工作，而良好的人際關係也遠比你是否滿足職務條件更重要。如果你也曾在心裡默默問過千百回：為什麼每次升職加薪的，都是那些吹牛大王？現在你應該明白為什麼了！

現實世界中，公司裡的那些管理階層每天都忙得團團轉的，使得他們根本很少有空去注意自己的員工。至於主管們如何了解員工的工作事蹟——其實大多數只是「聽說」，而且組織越龐大的公司越是如此。一名員工是不是績效創造者，完全取決於他如何描述自己的工作成果。成功的故事將吸引成功的到來。這就好比教授們在聽完學生們的預測後，直接宣布：「我們幹麼要批改所有考卷呢？乾脆照同學們剛剛公開宣布的預測成績來打分數吧！」

這也是善良好人在職涯上常常停在原地不動的原因：他們總是太過謙虛、慣於醜化自己的功績，而且從來不願意讓別人覺得難堪不好受。

不久前，專案管理師安奈特．貝爾仙才告訴我，在某一個大型會議中，她才對一位明顯準備得相當糟糕的同事大發脾氣：「他在大家面前引用了一堆錯誤的數據、做了一堆錯誤的解釋。但我並沒有當眾糾正他。要是我真的這樣做的話，那不就是公然汙辱他了嗎？」明明是個可以透過專業讓自己發光發熱的大好機會，但安奈特竟然讓它就這樣溜走。她想保護那位同事，但從他糟糕的簡報準備來看，他顯然不值得安奈特如此做；更何況，如果今天情況反過來，我相信這位同事絕對會趁機對安奈特大加撻伐，且毫不猶豫地踩在安奈特的痛點上，好讓自己能贏得衆人的掌聲。

雙重扭曲的結果再次出現：只要有機會，一定會大聲指正安奈特的那位同事，在會議裡大肆收割完全不屬於他的績效；而未選擇當衆糾正同事的安奈特，只是讓自己在會議裡顯得跟同事一樣差勁，因爲她放棄了機會彰顯自己的專業，同時她的沉默也讓自己形同隱形人般無足輕重。猜猜看，在主管眼裡，哪一種行爲才是值得嘉許的行爲？

二、謙虛等於自我懷疑

你能感受到那些公開預測自己能拿到八十五分、實際上卻只考了八十分的女同學在事後會有多難堪嗎？你也和她們一樣，寧願過度小心猜測自己的績效，也不願意傷害別人嗎？如果是這樣，你在職場上可能也會做出以下的行爲：

- 你會向客戶預告，你必須到「本週最後一天」才能完成專案；但你心裡很清楚，週三應該就能完成了。

- 你會按去年預估的績效遞交今年的預測値；但你心裡很清楚，今年的營業績效至少會比去年高五個百分點。
- 每當你完成報告、提交給老闆的時候，你總是會先指出自己在任務中尙且不足的地方（例如「雖然完成了，但還不夠完美」）；但你心裡很清楚，你其實已經將事情做得相當不錯了。

這種不切實際的悲觀行爲，原來是爲了降低對方對你的期待——如果老闆原先期待你週三就能完成專案，但你要是拖到週四早上才完成的話，難免會惹老闆生氣。而善良的人最不願意見到的，就是別人對他失望，因此他們會自動把門檻降低一點，好讓自己能輕輕鬆鬆地跨過標準。

但這些善良的好人卻也常因同樣的原因畫地自限。例如你心中樂觀的那部分冒出來說：「沒問題啊，你週三一定可以完成專案、遞交報告。」但內心的「毛利」卻會立刻大喊：「再繼續做夢啊！你明知道每個專案都有藏在細節裡的魔鬼，誰知道它們什麼時候會跑出來！要是這個專案也有隱藏的困難要克服的話，到時候你就會變成信口開河的無賴，信用掃地！」

除此之外，善良好人也很不願意因爲自己的緣故而讓同事難堪。舉例來說，一位善良的業務會想：「我絕對不能預告自己的業績會成長一〇%；如果我這樣做的話，同事們的壓力就會因此變得非常大。」又比如一位善良的專案主管會這樣想：「同事在進行類似專案時，都還得花五天的時間；要是現在我說三天就做完了，不就會讓同事臉上無光？」

但你可曾想過其他沒那麼善良、謙虛，並想在職場上升職加薪的競爭者是怎麼想的？這些人不但會大聲宣告週三時一定能交報告，甚至週二就可以完成（即便事實上拖到週四才交）；他們會大聲預告自己今年的業績保證能成長一五%（即便事實上他今年的業績下滑了）。最後，他們更會在上呈工作報告給主管時直接說道：「不管再怎麼謙虛，我都得說我這次做得眞的很成功。祝你閱讀愉快！」這些人正向又樂觀的自信光芒，能完全掩蓋稍有瑕疵且尚待改進的任務報告。

身爲一個謙虛的人，你的行爲不啻在告訴別人：越是朝你那面粉刷得十分美麗的牆上用力刮下去，你做出來的績效就掉落得越乾淨，直到化爲齏粉爲止。至於那些你爲了他們瞻前顧後、百般不願傷害的人們，則完全不會爲你的利益或感覺著想。最終承受損害的，不只是你自己，還有你的公司：因爲你的「善良行爲」，縱容了錯誤的人獲得獎勵、升遷、快速且順利地晉身管理階級。

那麼，該採取什麼行動好避免這一切發生？從今以後，請你按自己內心所相信的時限與能力來答應主管，不要醜化自己的績效。當你眞的做出好績效、受到衆人矚目時，不要閃避鎂光燈，請擁抱你應得的讚美。在公開會議上好好簡報，以展現你的專業長才。請對自己貢獻的成果感到驕傲，並讓你的主管知道。你必須讓主管明白，對公司而言，你有多不可或缺，這樣公司才能公平無私地回報你──不論是升職或單純的加薪。

高級頭銜的目的

假設在某個場合裡，有兩位企業代表相約會面──就像兩位西部牛仔面對面單挑一樣。只不過掏出來的不是手槍，而是兩位牛仔的名片。可想而知，兩人的職銜絕對不是「業務員」，而是「業務經理」；不是「繪圖技師」，而是「藝術總監」；不是「客戶服務員」，而是「業務企畫執行長」；不是「顧問」，而是「諮詢顧問」。這些頭銜聽起來必須相當重要，而這便是這些冗長頭銜之所以存在最主要的目的。

善良好人最討厭的，莫過於這些階級文字遊戲。「我才不會讓自己受限於名片上的頭銜，我才不會那樣定義我的工作。」這正是亞卓・荷法在諮詢室告訴我的話，一字不改。前陣子，主管將他的職銜升級為「重點客戶經理」，他卻一口回絕了。「我要那頭銜幹麼？我還是做著跟以前一樣的同一份工作啊，弄個高大上的頭銜只是聽起來比較臭屁而已。」

我問他：「那你其他的同事都是『客戶經理』，沒有人是『重點客戶經理』嗎？」

「有啊！有幾個自己覺得自己很重要的傢伙，他們根本就是死活不要臉地去跟老闆硬求，才要來這個頭銜。我猜一定是因爲要對大家一視同仁的緣故，老闆才把我的頭銜也跟著升級；但我眞的不需要這個頭銜。」

「『重點客戶經理』這個職銜究竟哪裡讓你這麼困擾？」

「從頭到尾都很困擾！我負責的客戶還是跟以前一樣，在公司裡都只能算是小客戶而已；而我就是負責處理這些鳥不拉嘰小客戶搞出來的一堆狗屁倒灶！所以說，我的工作跟『經理』這個職務的描述簡直天差地遠。」

「同事們的工作又如何呢？他們做的事就比較稱得上『經理』在做的工作嗎？」

只見他垂下眼，搖了搖頭。「他們的工作內容跟我大同小異。」

「我剛剛是這樣想像的：今天你在會議上恰巧遇見了新的客戶。你在場的同事們紛紛掏出那張印有『經理』頭銜的名片與對方交換。而你掏出來的名片上卻印著『客戶顧問』。你覺得這種情況不會讓你覺得很不自在嗎？」

他的臉稍微扭曲了一下。「難道我應該打腫臉充胖子，只因爲其他人都這樣做嗎？」

「不，不是的，但你可以問問自己：『面對客戶時，我的頭銜有什麼顯著的效用？是什麼原因讓我對「經理」這兩個字這麼反感？以及在這其中，我謙虛的個性是不是多少影響了我，讓我做出錯誤的判斷？』」

在諮詢室中，我們花了將近一小時，才找出了亞卓抗拒升職的眞正原因：在自己肩上加諸更高期望的想像。舉例來說，他會想像客戶聽到他的頭銜後，期待他能給予更多優惠與折扣，這是他身爲一名客戶顧問時根本沒有權責，也因此完全不需要擔心的事情。除此之外，在自己的朋友圈裡擁有一個「重點客戶經理」的頭銜也讓亞卓渾身不舒服，原因在於：「可是我大多數的朋友都是水電工人。他們如果知道了，一定會說：『這傢伙現在叫做什麼「經理」是吧？他是想告訴我們，他比我們所有人都更成功嗎？』」

許多善良者心裡都有這個心魔。這種現象如此普遍，以至於心理學家還給它取了個專門的名字：**冒牌者症候群**。儘管這些人在職涯中已經爬升到一個較高的位子，或因爲在職場上已十分舉足輕重，以至於交手的對象往往都是有頭有臉的人，但這些人心裡的「毛利」卻無時無刻不在大腦裡竊竊私語：「所有人都看穿了啦，你根本不夠格來做這件事！你根本不屬於這個位子、不屬於這個圈子！」

因此，雖然你坐在新的位子上，卻覺得自己華而不實；即便你現在有新的權力，大可把手上的工作委派給部屬去做，但冒牌者心態卻讓你自願停留在舊有的行爲習慣裡，所以決定不論大小事，都要親力親爲。你使用著管理者的權力，卻從未打從心裡相信自己擁有這股權力。

爲了避免同樣的麻煩發生在自己身上，於是其他的善良好人會刻意放棄所有能讓自己嶄露頭角的職位和機會。就算出現了絕佳的機會，他們也從來不敢貿然舉起一根手指來毛遂自薦。善良好人會下意識婉拒任何光鮮亮麗的頭銜和加薪升職的機會，心甘情願地退居第二線。像是什麼在大型會議發表演講的機會或之類的，全都會讓給其他同事，只爲了保持自己謙虛的態度。

我就認識好幾位擁有博士頭銜的女性——大多數的情況還眞的都發生在女性身上——她們在自己的電子郵件簽名檔裡甚至會刻意捨棄博士頭銜，或是在自我介紹時含糊帶過這一點。一副這個博士頭銜並非什麼官方認可的東西、不應該出現在自己的名字裡似的，反而更像是一種高傲自負的象徵，一旦出現了，就會引發所有無頭銜的人憤怒。

善良好人總覺得大家高估他了。爲什麼會這樣呢？當然是因爲他根本低估了自己！這種自我懷疑的心態不只出現在內心，還會投射到外在行爲。正是因爲亞卓內心覺得自己配不上「經理」的頭銜，因此也害怕所有客戶和朋友們都有同樣的想法。

那麼，該如何做，才能從更客觀公平的角度來審視自己的資格呢？我邀請亞卓一起進行接下來的練習：我在諮詢室裡放了許多椅子，並請亞卓把任何他想到的主管、同事或朋友的名字貼在椅子上。接著，他必須輪流坐上每一張椅子，並以此人的角度來發言，再接受我的提問：從朋友、同事和主管的角度來看，他們對亞卓・荷法這個人會有什麼樣的評價？舉例來說，當他坐在貼有他主管名字的椅子上時，我問他：

- 為什麼要亞卓・荷法接受「重點客戶經理」這個頭銜很重要呢？
- 這個「重點客戶經理」的頭銜，在內部和外部有什麼指標性的象徵效果？
- 亞卓現在的工作中，有哪些部分已經隱含了經理的工作內容？
- 亞卓的同事們對他的工作成果有多少正面評價？
- 就亞卓的工作能力來看，哪一項特質是你最看重的？

透過從其他人的視角來評價自己，亞卓終於能將自己過度謙虛的態度擱置一旁，也成功地讓自己能以全新的角度來看待這個新頭銜。亞卓了解到，放棄這個頭銜不僅對自己在群體裡的地位有害，同時也對自己的客戶不公平。除此之外，這個練習也幫助亞卓了解，透過提升頭銜，更能讓老闆注意到自己的工作成果與績效。在練習過後，他對自己平時的業務裡包含了多少經理階級才需要做的工作感到驚訝。舉例來說，他經常和產品開發部門進行協調，並執行相當重要的組織任務。

直到我們從不同視角來評估亞卓的工作任務及他的表現後，這個冒牌者症候群的「病徵」才漸漸地從他身上消失。如今的亞卓是一位相當有自信且能配得上頭銜的經理，他終於完全接受了自己的新職位。

不願坐進主管辦公室的女性

在職場上，頭銜與階級象徵往往有著關鍵性作用。不知道各位是否好奇：

- 爲什麼主管們開會時，總是坐在會議桌的主位呢？
- 爲什麼主管的辦公桌總是比其他員工要大呢？
- 爲什麼企業董事或重要員工出差時幾乎都會搭頭等艙？
- 爲什麼高階主管總是讓祕書來安排他們的會議時間？
- 爲什麼高階主管開會時，從不使用一般的便宜原子筆，而是用昂貴的名筆？
- 爲什麼每位高階主管的訪客都必須先在某個公共空間等候許久，才會被邀請進入所謂「主管辦公室」的神聖殿堂？

同樣的道理，爲什麼軍官和士兵的制服要以不同的條紋和肩章來區分？重點在於對其他人彰顯他們的階級有所不同。因此，在軍隊裡，誰要是佩錯了肩章，就會被別人以不同的階級來對待，在商場上也一樣。

儘管如此，我仍時常從前來求助的善良客戶口中聽到這樣的迷信：「就算現在公司允許我出差時搭乘商務車廂，我也不需要。」或是：「我才不需要什麼祕書，我可以自己處理我的信件。」如果這種行爲在公司裡相當普遍的話，那麼這家公司要不是新創公司，不然就是刻意低調謙虛的中小企業——在這種情況下，你可以繼續放心當好人沒關係。但如果今天你來到一家傳統、階級嚴明、規矩至上的地方，例如大型跨國企業，那麼這種謙虛善良的行爲，會害你立刻被人晾到一邊去。

和同事一起出差時，你必須先和同事揮手道別，只因爲其他人都搭乘商務車廂，只有你搭乘一般車廂。你認爲在這種情況下，會傳達出什麼樣的訊息？「你不過是個只配乘坐一般車廂的一般員工！」我再舉一個例子：當你的同事需要資料時，她只要請自己的助理去檔案室把資料找出來就好，但你卻得像隻土撥鼠似地在成堆資料裡翻找。你認爲在這種情況下，會傳達出什麼樣的訊息給大家？讓我告訴你最糟糕的情況是什麼：你的同事很可能會請你連她的份也一起找！「如果你要去找資料的話，可以順便幫我找……」

當然，我承認，這些階級規則並不是什麼很理性的東西，而且確實顯得很沒有同理心，但這是因爲階級遊戲本來就是種充滿權力鬥爭和聲名欲望的競技。誰要是寧可在這場遊戲裡當個善良好人，就注定要付出高昂的代價，往後在職場的日子也鐵定相當難過。

這就是安娜・郝伊哲的處境。安娜是南德一間汽車大廠新上任的部門主管，基於謙虛內斂的溫柔個性，她主動捨棄了升職後分配給她的單人辦公室，並決定與同事們待在同一個辦公空間裡工作；但其他部門主管的辦公室都在另一個樓層，一間一間緊鄰著。因爲安娜捨棄了原本屬於她的主管辦公室，於是許多非官方或非正式的資訊，就這樣悄悄略過了她。其他主管幾乎顧不上她；在主管級會議的邀請名單中，安娜曾多次被「不小心」遺忘了，根本不知道別人在開會。最後，連她的部屬都開始拿翹，有些困難的任務甚至被丟回她的桌上：「我們沒空，你自己做吧！」

自己的部屬會給找安娜這麼多麻煩和困難的原因只有一個：儘管安娜・郝伊哲獲得提拔，升任軍官（肩章：主管專屬獨立辦公室），但安娜卻選擇繼續像個士兵一樣，在辦公空間裡跑來跑去（肩章：共同辦公空間）。或許正因爲如此，不論是同爲主管的同事或她的下屬，在大家的潛意識裡，都沒有認可安娜身爲管理階級，是一位主管。

安娜內心經過幾番掙扎後——善良的她當然不願意顯露出一副自己比部屬厲害許多的樣子——她才下定決心離開共同辦公空間，搬進主管辦公室。而就在她搬進所屬辦公室後沒多久，情況就明顯改善了許多：「這感覺太奇怪了，好像有誰按了個開關，接著情況突然轉變了，我就這樣被大家接納爲部門主管。」她百思不得其解地繼續說道：「這很可能也跟我的行爲和氣勢有關係。我的辦公室每天都在提醒我：我現在是主管了。也因此，我更有膽量，面對其他人的時候也更有自信、更強勢。」

這倒是很有趣的一點：一旦善良好人誠心接受了自己應得的頭銜或階級象徵，這個轉變就會立刻顯現在他們的行爲上。我認爲亞卓·荷法在眞心認同自己是「重點客戶經理」後，將來與客戶洽談時，非常有可能會變得比還是「客戶經理」時更有自信與決心。

絕對不能當好人的七種情境與練習

在你剛到一家公司上班的第一週裡，大家便會決定在工作上該多把你當一回事——換句話說，這短短的一週裡，你必須控制自己的善良程度，並對其他人展現界線。你將不斷碰到類似的情形，因此，這部分很值得你從現在開始就好好準備，以備不時之需。

請你問問自己：通常在什麼情況之下，我會覺得自己人太好了？在什麼情況之下，我曾退讓但又後悔？是否有那麼幾次，我覺得自己的表現與績效沒有獲得大家注意或表揚，或至少沒得到我認爲自己應得的？請拿一張紙，記下這些曾發生在你身上的狀況。

接下來，我將向大家介紹七個實例，並提供解決方案——或許其中有許多情境會讓你覺得似曾相識。

情境一：在會議中被攻擊

羅爾夫·卡古斯是一名資訊工程師，在工作場合裡，他總是保持著一定的禮貌。某次工作會議上，一位同事突然攻擊他：「要是所有人都跟你一樣，要花那麼長時間才能提供一個構想，這個會就算開一百年也開不完。」攻擊來得突如其然，把羅爾夫徹底嚇了一跳，而且這項指控相當不公平——其他人不需要花那麼多時間，無非是因爲那些構想的內容都相當膚淺，他卻花了必要的時間去設計更全面的解決方案。但羅爾夫沒辦法在當下立刻爲自己辯護。「我不知道自己有什麼問題，我想我身體裡有一種壓抑攻擊的機制吧。」他這樣對我解釋。「我就是沒辦法在公開場合裡攻擊其他人。除此之外，我當下也常常想不出適當的詞彙。還是說，我必須把自己的工作水準降低到和其他人一樣呢？」

請設想自己碰到和羅爾夫一樣的情況。你認爲以下三種回應中，最好的是哪一種（當然，接下來我會逐一解釋每種反應的優缺點）？

回應一：「我當然能理解你是因爲會議時間太長而生氣。但我也認爲，如果你能用比較友善的方式來表達不滿會更好；畢竟我對你也都以很友善的方式在溝通。」

回應二：「你很生氣，因爲我比你多花了兩天才提出構想。但我需要這兩天的時間，好徹底釐清問題。我也感覺自己對你的意見相當火大——至少我認爲你所謂的『就算開一百年也開不完』根本就是誇大其詞。我很樂意向你解釋爲什麼這個構想值得我多花兩天的時間，我也希望你在我們的討論中，能有更多基於事實的貢獻。」

回應三：「你的意思是，我在構思解決方案時相當注重細節及避免出錯。你這麼說就對了。我也期望整個團隊都能以同樣的態度來工作。」

你認爲哪一種回應是最好的？

我的說明：

我認爲第一種回應實在太過和善。如果有人無故攻擊你，且並非基於事實的話，那你實在沒必要對他的怒氣有任何同理心；此外，假如你仍然用這種方式說話，恐怕只會火上澆油。同時，這類表示禮貌的語氣（「可能覺得」「如果可以」）只是強調出你的不確定、不安全感而已。

第二種回應相當中立客觀地反映出你的觀察（「你很生氣」），並說出自己的感覺（「我也感覺自己對你的意見相當火大」）；接著，在提出你的需求（「我需要這兩天的時間」）後，再導出對他的要求（「我也希望你在我們的討論中，能有更多基於事實的貢獻」）。當你為自己的立場發聲，並將雙方的情緒都攤開來說的時候，能讓你的理由聽起來更鏗鏘有力。

第三種回應則是合氣道技巧的眞實應用：你將對方的攻擊轉變為帶有正面意涵的訊息，接著將對方責難你「動作很慢」這點，變成稱讚你很「重視細節」。這種反應通常會讓攻擊者更為光火，畢竟很顯然的，你看來不但沒有被惹毛，同時還傳達出另一項訊息：你並不想和他在這種程度的議題做任何討論。這樣回應的話，占上風的當然是你。

練習：

什麼情況會讓你想在面對別人言語攻擊時，採取不一樣的回應？首先，請從以上三種回應裡選擇一種，並想像類似情況再發生時，如何套用上述的回應模式。其次，請仔細描述並記錄當你遇到相同情況時自己會說的話，並在出現相同情境時，試著說出你準備好並練習過的話。最後，實際執行後，請注意這項改變所產生的影響：攻擊者對你的尊重程度改變了多少？

情境二：同事的工具人

萊菈．讚丹是一位牙科助理，和同一間牙醫診所的年輕員工路易莎處得很不好——總而言之，萊菈發現路易莎這個小女生總是將特別困難的工作和準備事項丟給她做，理由不外乎「你的工作經驗比較豐富，這件事你來做比較好」，或「我事情太多了，忙不過來，這件事交給你吧」。嚴謹認眞的讚丹當然就把工作接了下來。但最近這陣子，她確實感覺工作量遠遠超出自己的負荷。她雖然是個樂意幫助同事的人，但對於路易莎的行爲，她卻打從心裡感受到「一絲絲怨恨」。

請設想自己碰到和萊菈一樣的情況。你認爲以下三種回應中，最好的是哪一種？

回應一：我會這樣告訴同事：「我很開心你認可我有較多的工作經驗。只是我們在同一個小組裡工作，我們就是平等的；所有我會做的事情，你也必須有能力做。如果你總是把工作推給我的話，你就沒有機會學習。除此之外，我本身已經被其他工作纏得幾乎沒有喘息的空間了。」

回應二：如果同事再次做出相同的要求，我會選擇不要反應。如果她仍在我沒答應的情況下把工作丟到我桌上的話，那麼我會一言不發地將工作原封不動地再推回她的桌上。我相信她一定會理解我的意思。

回應三：我會在內心決定，每週少幫她一件事；這樣一來，她便不會覺得這些突如其來的新任務太過繁重，而我也能透過這種較優雅的方式，讓她漸漸變得獨立，我的工作量就不會那麼大了。

現在，你決定好要採取哪一種回應了嗎？

我的說明：

第二種回應，也就是乾脆不要給予任何回應，並一言不發地將工作原封不動推回對方的桌上，會讓你顯得相當懦弱——好像在說你根本沒有足夠的勇氣和膽量，跟同事面對面把這件事攤開來說。這類心理攻防的小遊戲不僅會傷害你，也會傷害對方。

第三種回應，也就是透過較緩慢、花時間的方式，讓同事一步步扛起自己的任務，我覺得實在過溫和、太有禮貌了，這種回應與同事造成的困擾相比，簡直寬容得太多。假如你現在就已相當爲工作量困擾，並感到十分沮喪，你需要的是清楚快速的解決方案，也就是將重點放在自己的個人利益上。

因此，我認爲第一種回應是最佳的選擇。它的好處在於，不僅聽起來相當合情合理且委婉（「如果你總是把工作推給我的話，你就沒有機會學習」），也強調出重點訊息，那就是你自己「已經被其他工作纏得幾乎沒有喘息的空間了」。這樣的回應才能快速有效地改變現狀，並強化你在同事眼裡的權威與聲望。

練習：

請你回想一下，你曾在哪些情況下感覺同事要求的幫忙已超過你能接受的範圍？又是在那些情況下，主管給你的任務已超過你的負荷？接著，請你草擬一個迷你劇本，想像一下未來再遇到相同情況時，你該如何清楚地畫清界線？請在私下無人時大聲按你的劇本進行演練，唯有如此，未來遇到類似情況時，你才能得心應手地表現順暢。

情境三：想要求更高的薪水，該怎麼做？

任職於貿易公司的艾蜜莉雅．斯坦克在諮詢室裡大聲抱怨，儘管她負責的工作每年增加，而且也開始接手公司重要的業務，但她的薪水四年來一直原地踏步。直到今天，她只知道頂頭上司有意幫她加薪，卻從沒聽過有誰要付諸行動。如今她已決定，要主動向老闆要求加薪。

請你想像一下，假如你是艾蜜莉雅，你會如何在會談中向老闆要求加薪呢？

反應一：「我想請問一下，不知道我們是不是有可能在公司規定的調薪週期之外，安排一次關於我薪資的會談？因爲我的薪水已經四年都沒調過了。」

反應二：「我想和你談談關於我在公司的前景與發展，當然也包含財務方面調整的可能。過去幾年來，我的績效大幅提升許多，我的責任與業務範圍也擴展了不少。我很樂意提供你一些例子和數據，足以展現出我在未來還能爲你帶來更多的績效。我認爲現在正是公司重新評估我的績效與業務，並給予適當調薪的時候。」

反應三：「我心裡很清楚，與過去相比，現在市場上的薪資狀況並不是最樂觀的，但我仍想和你談談我的薪酬狀況。我想，過去幾年我的工作績效並不算差，我認爲自己的薪水應該能再往前移動個幾步。」

上述哪一種反應是你認爲自己最有可能採用，且最有可能獲得主管批准而得到想要的加薪呢？

我的說明：

第一種和第三種反應有項共同的缺點：在薪資會談中採取這種姿態，不會讓你看起來是與主管平起平坐的薪資談判者，反而更像乞求者。只想用「有可能」來進行一場「規定的調薪週期之外」的薪資談判，聽起來實在太過膽小懦弱。這些讓你顯得柔弱無比的詞彙，只會讓別人更輕視你的意志。尤其是第三種反應，眞的太溫和了：先是提到目前市場上的薪資狀況不佳，一副你還沒開口要求，就先對主管道歉的樣子。更糟糕的是，接下來所說出的負面形容詞進一步彰顯了你內心的不安全感，畢竟你將自己出色的績效說成「不算差」；而在第一種反應裡，也把薪水描述成「都沒調過」。這些負面的形容方法會大大削弱你的氣勢。

第二種反應和其他反應最大的不同，就是自信程度。這裡將談判的架構和範圍拉到更高的層級來討論，也就是你在公司的前景與發展。這個立場再堅決不過，因爲你已提出了非常清楚的要求，並宣示你很樂意舉出實際的例子，以證明自己的績效。以此爲基礎，在談判過程中獲得一個實際加薪數字的可能性非常高。

練習：

你上次跟主管談薪水是什麼時候的事？如果在你印象中，那已經是很久遠以前的事，請將第二種反應裡所使用的語詞更改為符合你的情況的句子，並找一位朋友和你進行角色扮演，練習你的薪資談判術。最後：請你直搗問題的核心、正面迎戰——邁開步伐，直接去找你的主管吧。

情境四：遲遲不敢挑戰夢想中的職位

艾維拉．徐蘭克是一名工程師，當她來到我的諮詢室時，是帶著一則徵才啓事一起來的。她興致勃勃地談到，公司內部的物流中心剛好開出一個部門主管的職缺。然而就在她不斷讚嘆這個職位多完美又多適合她的同時，卻也不停提到同一句話：「但是我知道，我還沒有足夠的經驗去應徵。對這個職位而言，我實在還太嫩了。我如果去應徵的話，別人一定會認爲我瘋了，才會自大到以爲自己配得上主管的位子。」

在我們的對談中，她心中最深沉的信念慢慢浮現出來：「不要好高騖遠！」她還小的時候，每次只要她想冒險做什麼特別的事情，父母親總會這樣告誡她。這個句子至今仍縈繞在她腦海裡，扯著她的後腿，不讓她發揮所有的潛力。

假設你面臨和艾維拉一樣的情況，你認爲以下三種新的信念中，哪一種才是最好的、最能幫助你從過往的窠臼跳脫出來呢？

信念一：只有把眼光瞄準高處的人，才能得到足夠的高度俯瞰大局。如果我勇敢競爭這個位子的話，不但沒有什麼好失去的，還能爲我換來無限的機會。

信念二：假如我能找個機會試探一下的話，那我會去試試看；要不要遞出履歷則是另一回事。

信念三：如果我察覺到一項新的挑戰，並感到躍躍欲試，我全身上下就會充滿想贏得這項挑戰的力量。我知道，只要我開始行動，行動就能爲我開啓力量的泉源。

以上哪一種信念最符合你內心的想法？

我的說明：

第二項信念中夾帶著「試探一下」的意涵，但這種心態其實是很半調子的，就像在說：「我其實不相信自己能成功，但還是可以試試看啦。」

第一項信念其實是延續舊有信念「好高鶩遠」而來，卻賦予這句成語全新的定義——

突然間，好高騖遠不再是什麼危險的事情，反而正因爲你眼光夠高、看得夠遠，才有機會獲得全新的視野。如果你眞的打算用這個方式重新定義自己的信念，這絕對是一步大膽的嘗試：因爲你保留了原有的象徵，卻賦予它全新的內涵。視角一轉，原先阻擋你前進的心魔，瞬間變成推動你前進的助力。

第三項信念也是一項相當有效的信念，因爲事實上能激發出我們原有潛能的，正是面對挑戰時的興奮感。大多數時候，比起理性的推斷，我們的直覺往往在更早之前就能指示出我們想要的東西。第三項信念無疑能爲我們帶來無比的勇氣與行動力。

練習：

請你想著一個你打從心底想達到、但至今仍未有勇氣去嘗試的目標，並試圖找出阻止你去嘗試的信念（參見第4章）。接著，試著轉換這項阻礙你的信念，或直接創造新信念來取代它，讓自己能擺脫束縛、大膽嘗試。請你現在就開始行動！

情境五：包裹在親切裡的貶低

喬瑟芬納·恩斯是一名幼兒園老師。以一名二十二歲的女性而言，她的外表看起來格外年輕。喬瑟芬納相當受到孩子們喜愛，不但工作得十分得心應手，更勇於接受新的任務。即便如此，她總覺得幼兒園園長對她並不是很尊重——園長並不直接稱呼她的名字，總叫她「小女孩」。當然，園長應該是出於親切才這麼叫她吧，只是喬瑟芬納依然覺得很受傷。直到目前爲止，她仍很羞於表達自己眞正的感受：這樣難道不會太小心眼嗎？畢竟園長並沒有那麼壞。

假設你也遇到相同的問題，你認爲以下列出來的三種反應裡，哪一種是最聰明的？

反應一：我會如法炮製，稱呼她「老人家」。如此一來，我相信她一定馬上就會知道這樣稱呼我有多不恰當，並以我眞正的名字來稱呼我。當然，一旦她不再喊我「小女孩」，我也不會再稱呼她爲「老人家」。

反應二：只要她用「小女孩」來叫我，我就來個相應不理，就好像她在叫別人一樣。而只要她用我的名字喊我，我就會回答她：「沒錯，這才是我的名字。而我也期待妳從今以後能以正確的方式稱呼我。因爲每次你喊我『小女孩』的時候，我只感受到滿滿的貶低。」

反應三：我會直接找園長談這件事：「我注意到你現在並不稱呼我的名字，而是叫我『小女孩』。我猜你一定沒有惡意，我也一點都不想因此批評你。但我認爲，每當你這樣稱呼我時，我就會被大家輕視，而且沒有人會把我當成一回事看待。因此，請你以後務必直接稱呼我的本名。」

你認爲以上哪一種反應最恰當？

我的評價：

反應一和反應二我都很喜歡，因爲在這兩種反應裡，你透過明確的行動傳遞出自己的想法。但是我仍要建議你，除了明確的行動，也應該訴之以理（如同反應二），如此一來，你不僅是還以顏色，更能透過言語豎起一目瞭然的警告牌，清楚地告知園長，你的界線就在這裡。

在反應三裡，你直接找上當事人，把問題攤開來討論。這其實是個很好的主意，但在反應三裡，你原本想傳達的訊息卻很容易受到這兩句話的干擾：「我猜你一定沒有惡意，我也一點都不想因此批評你。」這句話傳達出一個曖昧不明的雙重訊息：「我雖然是在批評你，但我不是很確定自己是否被允許這麼做。」請務必將這種立場不堅定的句子剔除乾淨，如此一來，你眞正要傳達的訊息才能有效地抵達對方耳裡。

練習：

你曾在什麼情況下覺得自己應獲得的尊重被人剝奪了？請仔細思考一下，你應該擬定什麼樣的訊息，才能清楚顯現出你今後不會再姑息這種行爲？並請在下次發生同樣情況時，清楚明白地豎起禁止告示牌。

情境六：團隊裡的小偷

羅倫斯．赫哲是一名出版社的圖像設計師。和他同組的三位同事們被委派替一本專業書籍進行整體視覺設計，後來羅倫斯所提出的建議獲得團隊裡所有人的贊同，於是便著手進行相關設計與提案，最終上呈給總編輯。不知道爲什麼，其中一名向來行事果斷的女同事，竟在簡報時大力強調，之所以採用這種設計風格，有很大一部分要歸功於她；至於羅倫斯的貢獻，則幾乎隻字未提。

假設同樣的事發生在你身上，你會如何在簡報進行的當下向主管反應？

反應一：我一點反應也不會有！無論如何，在主管面前進行簡報絕對不是個適合批評和爭功的場合。但我還是希望這位進行簡報的同事能為我們整個團隊發聲，而不是在老闆面前表現得像是個吹牛大王似的。因此，我會選擇只有我們兩人的時候告訴她，她應該在簡報的同時也強調我的貢獻。

反應二：我會挺身向前，插手並中斷她的簡報。在彰顯我對這項專案貢獻的同時，也公平地提及小組每位成員對這個設計構想的貢獻。

反應三：我會當場打斷那位同事：「你剛剛描述了你在專案裡負責的事情，現在請你介紹一下我和其他同事們在專案裡的貢獻吧；還是說，我們必須自己來介紹？」

你認為自己最有可能採取的反應，會是以上哪一種？

我的評價：

大多數的善良好人恐怕都會選擇反應一，因為他們最不願意的，就是在大庭廣眾之下處理衝突。但選擇反應一的話，同時也意味著會在主管腦中留下錯誤的印象。畢竟主管只會記得這位同事一人獨挑大梁、完成了整個設計專案。正因為如此，我認為在這種情況下，適度插手介入是絕對必要的。

反應二，也就是直接介入簡報，並為自己的績效說話。要做出這種反應，需要相當大的勇氣與自信；另一方面，儘管執行它並不容易，實際效用卻相當顯著。一般來說，團體裡若出現一位搶盡所有人功勞的狂妄同事，就意味著這裡的善良好人太過謙虛，太少爲自己的績效發聲。只要你勇敢向前跨出一步，就能大幅改善你在團隊裡的「存在感眞空」。

反應三則是較爲折衷的方式：請同事介紹你和其他同事的貢獻。要在團隊裡出奇不意地打出擦邊球，同樣需要絕佳的勇氣與自信，如果同事還是沒有意會到你的「提醒」，你仍有隨時打斷她、爲個人貢獻發聲的權力。

練習：

請你回想一下自己曾經歷過的類似情況：同事試圖霸占你的功勞。請思考一下，若再發生同樣的情況，你該怎麼做，才能讓大家看到自己的貢獻，並在團隊中畫出界線、占有一席之地？請將你的計畫付諸行動。

情境七：大聲咆哮的主管

雷諾．歐特是一名卡車司機，他在會談時說道：「對我主管而言，我就是這個小組裡的受氣包。這種事已經發生過好幾次，他總是在全體會議上劈頭蓋臉地大聲對我咆哮，眞的讓我很想找一個洞鑽進去。但我並沒有做錯什麼，他只是把自己的情緒發洩在我身上而已。結果，我的同事也跟著有樣學樣。」我在諮詢時注意到，和我對話時，雷諾幾乎不曾直視我的雙眼，就算不小心對上了，也顯得相當退縮與保留。有沒有可能正是他這股不安全感，讓他注定成爲老闆發火時的目標呢？

假如你遇到和雷諾相同的情況，你會怎麼做？面對這樣的老闆，你會做何反應？

反應一：我會立刻大聲吼回去，就跟他一樣大聲，一樣有攻擊性。我要讓主管知道，我不會再容許這種行爲。

反應二：會透過親切有禮的方式，讓他先卸下武裝。比如我會問他：「請問我們是不是能用比較小的音量來說話？另外，如果能用更禮貌一點的方式來說話也很好。」

反應三：我會告訴他，我不允許別人以這種語氣跟我說話。而且我會警告他，如果不立刻改善，我就離開這個空間。等他情緒緩和下來後，我會找個兩人獨處的時間告訴他，他這樣大吼讓我很受傷，而我希望以後我們能用更友善有禮的方式來對話。

你認爲自己最有可能採取的反應，是以上哪一種？

我的評價：

反應一，也就是一樣吼回去，是風險相當大的做法——善良好人想跟一個怒吼成性的獅吼猿人開戰，幾乎只有倒大楣的分。反應二，讓人卸下武裝的親切口氣，這種嘗試不但耗時費力，而且成效往往有限。「請問我們是不是能……」的用詞只會讓你顯得更懦弱，簡直就像是準備認罪的犧牲者；至於對方這個強勢的攻擊者，下意識就會覺得你根本是來討打的。

反應三是我認爲能較成功畫清界線的方法：首先，你已經將「禁止進入」的告示牌高舉在手上，並宣示情況若無改善，對方就必須自負後果。而在這之後，又很有勇氣、坦率地找他進行面對面會談。

練習：

上次別人在談話時對你高聲咆哮是什麼時候的事？請你再看一次前面的分析後，模擬出一個下次再遇到相同情況時，能有效幫助你立即和對方畫清界線的方法；今後也請用同樣的方法，讓所有與你一起工作的人不再對你大呼小叫。請在下次被別人高聲威脅時，試試你事先模擬好的反應。

認識好人關鍵詞，救救你自己！

身爲善良好人的你，在職場上有哪些該注意的地方？下面提出一些關鍵詞，幫助你提早警覺、保持界線：

救急：現今的職場就是由越來越少的人力來承擔越來越大的工作量，這種情況導致幾乎沒有人能悠閒地完成自己分配到的工作，而善良好人就是特別喜歡「救急」的人——所謂的救急，實際上的意思就是「替別人工作」。換句話說，如果你一直以來總是把別人的工作攬在身上，對方卻不需要回饋你什麼的話，你的社會地位將會越來越低，因爲你就等同於大家的僕人；同時，你還把自己該負責的工作晾在一旁。你必須了解，衡量工作績效的標準就是工作的完成度；但你幫忙別人完成的部分，可不會算成你的績效。

升遷：大家口中的「好人」，通常也被認爲是較無法堅持到底的人，而它也往往是你升遷路上的阻礙。請讓所有人知道，你絕對能執行困難的任務：「正因爲我能輕鬆和許多人相處，所以能有效地凝聚眾人，一起達成設定的目標。此外，我具備堅定的意志與解決障礙的能力；即使是不見得會讓大家愉快的消息，我也能在必要時發布。身爲管理階層，我知道我不需要得到大家的喜愛，只需要得到大家的尊敬。」

老闆的「特別」任務：水往低處流，工作也會往不懂得抱怨的人那裡去。但如果你隨時準備好接受任何主管丟給你的任務，你認爲主管會對你留下什麼印象？他會認爲你現在負責的工作大概還不夠多，所以每次都能擠出時間來完成臨時交辦的任務。請不要接受每一項主管派給你的特別任務，並適時讓他知道你手上的事就已經夠忙的了。如此一來，你才能將自己的工作量維持在一個理想的程度，主管也才會更重視你達成的績效與完成的工作。

委派：你是否覺得開口拜託同事幫忙很難？你是否寧願自己動手解決一些小事，即便你心知肚明，這其實是其他同事的工作？請別再這麼做，因爲這些行爲正在摧毀你的事業。這些事情說大不大，說小不小，但同樣會花費你的時間，還會傷害你在公司裡的地位。能將工作委派出去的人，在團體中通常會被視爲決定者；至於一個什麼事都自己動手的人，只會被大家視爲可使喚的對象。換句話說，就不是老闆考慮升遷加薪的候選人。

失望：如果你在工作上讓別人失望，你會覺得這是個壞兆頭嗎？事實上不一定：在職場上，大家時常會對你寄予厚望，期盼你能完成不可能的任務。在這種時候說「不」，就是解救你的最佳方法。另一方面，所謂的「失望」也可以解釋爲：不至於對你抱持不切實際的期望，還在心裡祈禱你最好能傻傻地當個救火隊——也就是戳破大家錯誤的期待，而且最好如此！

管理的陷阱：善良主管最容易踏入的三大陷阱：一、你會拖延做出任何會讓大家不舒服的決定；二、你的獎懲太有禮，反而讓人覺得語意曖昧不明；三、你總是太晚畫清界線。爲了避免落入這三大陷阱，請務必記得，越是不舒服的事情，就要越快解決。大多數情況下，當你回頭審視這個決定時，往往會發現，這才是對大家最仁慈的做法。舉例來說：在試用期時就跟不適任的員工解除合約，遠比一年後才將人家掃地出門來得好。

薪水：調薪通常就是薪資談判後呈現出來的結果。只有開口要求的人，才會得到加薪的機會。也因此，最重要的就是抓住談判的機會，並在過程中以明確的訊息、堅決的態度爲自己的利益發聲。

禮貌：精準掌握應對進退固然是項不可多得的能力，但過多的禮貌只會被人視爲卑躬屈膝的表現。在電子郵件中，那些不斷感謝對方的人，或寫下超過三次「請」的人，都只會讓對方覺得你是顆好欺負的軟柿子。請務必留意，在表現出禮貌的同時，也要一併展現自信。

機會：善良好人多半不喜歡爲自己主動爭取機會，因爲這會讓自己看起來超級討人厭。但主動爭取機會正是一個人決心與毅力的展現。只有靠自己超前布局，成功才有可能到來，職涯才有可能開展。請主動爲自己爭取所有你需要的東西，而不是被動採取反應，或等著別人遞給你橄欖枝。

萬應公：所有人都想從你身上獲得一些東西：不論是主管、同事或客戶們。但如果你打算對任何要求來者不拒、當個事事說「好」的「萬應公」，就等於是提早幫自己宣判過勞死。請務必留意，當身邊的人提議將某事交給你做的時候，請不要自動答應，而是事先斟酌衡量一下：哪個決定對我（而不是對其他人！）才是最好的？

批評：別人的批評把你在工作上的貢獻一竿子打翻了嗎？爲什麼會這樣？批評大致上可分成兩種：一種是有憑有據的批評，能讓你透過改善學習並精進；另一種則是無憑無據的批評，這就是你必須反擊的部分。請務必分清這兩種的差別，在正確的批評中學習，並回擊不正確的批評。在做出反應時，也請你這樣想：從一個人做出的批評，可以看出此人的本性，而且不是每個人都必須喜歡你正在做的事情。

誇獎：你越常誇獎一個人，對方就越不重視你給予的讚美。因此，只有在對方眞的值得你讚美時才這麼做，否則你的評價就有灌水之嫌。此外，當別人讚美你時（例如你的主管），請格外當心，讚美的背後，有時是爲了操弄你（關於這點，參見第7章〈暗地裡操縱人的伎倆〉）。

意見：你也是不太願意說出自己意見的人嗎？因爲你總覺得這麼做就像踩在別人的地盤上？如果你也這麼想，請再仔細看一下「意見」這兩個字：意見，就是尋「見」自己內

「心」的聲「音」。既然是內心的聲音，就沒有所謂的對錯，而是反映出你個人的觀點。請務必爲自己的意見和立場發聲，你會發現，要說服別人變得輕鬆多了。

拒絕：或許你認爲，在工作上拒絕別人的要求，會讓自己成爲不受歡迎的人物。但我必須再次重申，拒絕別人才能爲你贏得尊重與尊嚴。每一次你拒絕別人，都能爲你自己的形象再添上一筆清晰的輪廓；擁有自己的觀點和捍衛自己的立場也有相同的效果。同時，當你偶爾答應別人的要求時，你的應允就會突然變得珍貴起來，這是因爲其他人知道：要求你幫忙不再是理所當然的事。一個能在職場爬得越高的人，就越了解拒絕別人的重要性；畢竟「是的，好」是僕人才會說的話。

投機主義：一個只顧著滿足別人期望，卻不注意自己眞正需求的人，很容易掉進投機主義的圈套裡，不但會失去身爲個人的價值，更容易成爲被大家所操縱的傀儡。這種行爲將使得你的身分與角色變得模糊。正因爲如此，時時在心裡問自己這個問題更顯得重要無比：我究竟想要什麼？什麼才是對我最好的？

個性：「這個人是號人物！」在職場上，這句話的意思多半意味著這個人有勇氣，敢於逆風、不隨波逐流，走出自己的一條路。對善良好人而言，展現自己的個性無非是一項巨大的挑戰。這是因爲有時候，展現個性不但得冒著得罪別人的風險，還必須逆流而上、從自己原先藏身的舒適區裡站出來。

自尋煩惱：沒有任何事情比自尋煩惱更讓善良好人憂心的了：「不知道主管怎麼看我？不知道同事怎麼想我？」與其總是擔憂別人對你的看法，何不反問自己：「我對自己的看法如何？」請不要將自信建立在別人的評價上，這個觀念非常重要。只有當你相信自己的價值時，面對他人才能無所畏懼。你越能接納自我，越能吸引別人對你的尊重。

風險：在顧問培訓時，我總是鼓勵善良的學員勇敢承擔風險。請你展現出自己的野心和企圖，勇敢地投遞相應的職位，勇敢地爲自己爭取管理職，勇敢地爲自己爭取那些能獲得高度注意力的專案。只有學習承擔風險，你才能從中成長茁壯，並拓展視野，同時也能在公司內贏得相對的聲望。

壓力：壓力不外乎是透過壓迫性想法產生的，例如：「要是我現在反駁的話，老闆一定會火冒三丈！」壓力下的善良好人們容易選擇逃避模式。與其執意跟對方爭個清楚明白，他們寧可退一步，期待海闊天空。這是個很明顯的謬誤，但你可以輕易透過新的信念來覆蓋它：「要是我沒讓主管知道我眞正的想法，我就是欠他一個了解我的機會。主管聽了我的意見後，他有完全的決定權，看看是否要採納我的意見。」

團隊精神：那些已經高高在上的主管們多半會大力強調並讚美所謂「團隊精神」的重要性，但身爲善良好人的你，卻是那個最容易掉進陷阱的人。你相信了（主管所宣傳的）團隊精神的宗旨，所以樂得當團隊裡那隻隱形的勤奮老鼠，幫所有人完成任務。隱形老鼠的行爲只會保證你百分之百錯過所有升遷、加薪、獲得肯定的機會。請勇敢地站出來展現自己的功勞和特色（參見前一節〈絕對不能當好人的七種情境〉情境六）！

加班：通常只有善良好人會爲了過多任務所苦，會留下來加班的也都是這群人；至於那些注重自己利益的人，時間一到就早早下班回家去了。我並不是反對你在工作繁忙的時候延長時間以完成任務，只是這樣的例外不該成爲常態。如果這種情況時常發生，建議你設下更完善的界線來防範，例如設定自我改善計畫。

內心脆弱：善良的好人尤其容易在求職遭拒時覺得自信受挫。何不以另一個角度來看這件事呢？你可以視其爲勇氣的象徵，象徵你勇敢地跨出舒適圈、挑戰自己的界線。除此之外，請務必將對方的拒絕視爲「歡迎你來談判」的邀請函。舉例來說，如果主管拒絕了你的加薪要求，你應該這樣解讀結果：「當然！想從主管口中得到加薪允諾的話，就得準備更好的理由。」

跳槽：與同事相處得越融洽，想換工作時就越覺得難以啓齒；尤其是善良的好人。這在職涯發展上其實是個非常明顯的錯誤，因爲轉職也是較容易得到大幅調薪的好機會；除此之外，跳槽跳得好，也容易獲得更高階的職務。請記住，如果你在公司人緣很好，那麼你在新的環境裡也很容易能交到朋友。

X理論和Y理論：這項理論是美國心理學家麥葛瑞格（Douglas McGregor）所提出的。

X理論假設人性好逸惡勞，而「工作」本身是一件相當不自然的事，所以一定要用嚴格監督和具體獎懲來控制員工。Y理論則認爲，如果能不斷給予員工新的挑戰與任務，他們就能充滿鬥志，甚至願意承擔更大的責任。善良好人的問題通常不在於缺乏工作動力（X理論），而是他們不僅樂於接受挑戰（Y理論），更會接下遠超出能力負荷的工作量。

允諾：想要獲得自己心中的夢幻工作，就必須有能力在未來老闆面前和他平起平坐，絕不能在面試時顯得卑躬屈膝。請將你的工作能力視爲一項能帶來益處的產品，並向未來的老闆自我推銷，說明能爲公司帶來什麼好處。這項小技巧對許多善良好人來說，可說十分見效。只要幫自己做一點心理建設，就能讓談吐更有自信。

檢測你是否「人太好」　能借我一點錢吃飯嗎？

情境：

我當時還是個不過二十出頭的年輕編輯，有個十分聲名狼藉的同事亨利。衆所皆知，他會向任何看起來能借到錢的人伸手借錢，而且每次都用一樣的藉口：忘了帶錢包。一大群相信他的人後來都遇到了相同的麻煩：你得花好幾週的時間不斷要求他還錢，他才會還你。每一次借錢還錢的過程都相當令人不舒服，而這種事情已經發生在我身上三次了。

一次出差時，亨利在當地餐廳裡又這樣對我說：「馬丁，我忘了帶錢出門。你能幫我墊一下午餐錢嗎？」

雖然我並不想讓他餓肚子，但是我又不想重蹈覆轍。我該怎麼做呢？

練習：

如果換成是你，你會怎麼做呢？

我的反應：

我會這樣回答：「之前我就已經很後悔借錢給你了。因爲我每次都得追著你還錢。這次，你能答應我，在不用我催的情況下直接還錢給我嗎？」亨利再次向我道歉，並答應了我的要求。當然，他並沒有如他所答應的主動還錢，我又得再次追著他討回欠款。對此，我至今還在生自己的氣。

回顧：

我前後的行爲並不一致。儘管我對他處理金錢的方式相當惱火，但他還是再次從我這裡得到了好處：又一次借錢成功。正因爲我的反應就和過去完全沒兩樣——一再借他錢——想當然耳，他也再度故態復萌，死不還錢。我當下應該這樣回答才對：「亨利，我已經借錢給你三次了。每次我都得費盡力氣跟你追討，才能拿回我的錢。你要知道，跟你要錢的感覺很不舒服，所以我不能再借你錢了。」

結論：

這樣的結果才會讓亨利明白，他既定的行爲模式已經對我沒用了。而我拒絕他的理由也說得很清楚，這裡沒有其他可以轉圜的餘地。

善良的陷阱：

善良好人最不願意的，就是眼睜睜看著別人受苦。光是想像我可以坐在那裡吃午餐，他卻得挨餓的畫面，就讓我難以忍受。但我當時應該要體認到這一點：我因爲催他還錢卻遭到拒絕而苦惱，然而這對他來說根本無所謂。除非我立刻改變自己的行爲，才可能有機會讓亨利改變他既定的行爲。

我學到的教訓：

當你必須拒絕對方時，請先想想這樣能爲你自己帶來什麼好處，而不要去想這會對別人造成什麼（可能的）負面結果。

第9章

做自己的勇氣：不必偽裝，也能越來越強大

在這一章，你會學到：

☑假如你把自己的人生當成一座足球場，你可以有多大的成長機會。

☑一次失敗經驗，如何變成全世界最美好的禮物？

☑你該如何創造自己的生活，並擺脫身邊對你有百害而無一利的人們？

☑你該如何繼續保持善良的心，但同時不再被狗欺？

人生的祕密足球場

從今以後，你能成功地改變自己、展現出更多自信，並有意識地掌控自己那顆善良的心嗎？還是你仍想一直被自己的善良好心牽著鼻子走？這個章節正是為了引導你走向轉變而存在的，只要你準備好離開舒適圈，我們隨時可以開始。

想像一下：你的人生就像一座足球場。大部分的人生裡，你都在自己所屬的那個半場裡跑著。這半場裡的每根草、每吋土壤，你全都瞭若指掌，你覺得待在這裡相當安全。至於跨越中線、跑到另外半場這種事，你只是偶一為之；畢竟你不想讓自家門戶大開，冒著被人射門得分的風險。

舉例來說，你傾向毫不吭聲地滿足身邊人們對你的要求，即便你打從心裡對這些事一點興趣也沒有；你壓抑內心想拒絕的衝動，然後將自己的願望默默地吞下肚裡；你想也不想地就迴避所有的衝突，並在別人挑起事端時，依舊保持著被動的防守姿態……這就好比一整支足球隊的球員聚在一起、排在己方球門前，試圖把敵方射過來的球全部擋回去一樣。這種行為其實相當典型，也是自然的反應，畢竟你從小就習慣這麼做。

但就跟足球比賽一樣：球隊成員如果把防守區設得太深、太狹窄，反而會讓自家球員在禁區裡覺得綁手綁腳，最後被人射門成功——這並不是因爲防守得不好，反倒是因爲防衛過度。

換句話說，如果你一直停留在舒適圈裡，自動自發地對人有禮、和善又謙虛，那就等於對所有人送出邀請函，歡迎大家來攻擊你。接著，會有一堆不該你處理的事不請自來地出現在你桌上，別人會自動將所有工作掛在你肩上；再接著，你的人生突然就變成了由陌生人指揮導演的一齣戲。只要你往後退一步，其他人就會往前逼近一步。

如果你想在「我的人生」這場遊戲中成爲贏家，你就必須走出自己的舒適圈，迎接新的行爲模式。每一步小小的前進，都需要你無比的勇氣以承擔風險：

- 如果你一直賴在目前的職位不放，就無法得到夢想中的工作——你該做的是傾身向前、遞出具有說服力的求職信。
- 如果你總是安於單身生活，就無法得到夢想中的伴侶——你該做的是對其他人敞開心房，並主動認識別人。
- 如果你總是對自己的績效與功勞過度謙虛，就無法得到其他人的肯定與讚許——你該做的是自信十足地展現自己，並大方地接受讚美。
- 最後，如果你總是自然而然去滿足身邊每個（莫名其妙的）人的願望，身旁就沒有任何人會尊重你——你該做的是堅持自己應得的利益，並爲自己辯護，這樣才能得到別人的尊重。

只有走出舒適圈外，我們才能成長。請你仔細回想一下，你是否曾跳脫自己善良好心的行爲模式，並在那之後深深覺得自己大幅成長？以下這幾個問題，將有助於你回想這些成功經驗：

- 你是否曾成功開口拒絕別人，即便你心裡覺得這眞的很難啓齒？請你盡可能仔細回想當時的情景。當時的你如何產生足夠的自信，以至於有足夠的勇氣這麼做？
- 你是否曾成功地主動參與一個相當具爭議性問題的討論，而你的目的就是要給予建議並指正對方？請你盡可能仔細回想當時的情景。在當下，你終於克服自己的恐懼，並直接提出自己的意見時，你的感覺如何呢？
- 你是否曾鼓起勇氣，決定終於要爲自己做點重要的事，即便你相當清楚，不是所有人都會喜歡這個決定？請像電影重播一樣，在腦中仔細回想事情的經過始末。假如用身高來描述你當時的自信程度，尚未做出這個決定前（也就是還在猶豫時），你的自信大約有幾公分高？做出決定後並執行後，你的自信心大約有幾公分高？

• 你是否曾爲自己公開抱怨，即便心裡覺得這實在很難開口？請閉上眼，默默在內心回憶當時的畫面。當時這勇敢的一大步，是否對你的自信產生任何正面的影響？
• 你是否曾主動展現自己的功勞與績效，即便你心裡很想謙虛待人、不想搶盡風頭？請在腦中回想這個情景。認眞對待自己，並在當下大聲爲自己疾呼的感覺如何？

這些過往成功的記憶與經驗，都能爲你未來準備做出的改變注入無比的勇氣。當你害怕時，你可以想想：當初是哪些動機的鼓勵，讓你冒險做出不同以往的行爲；克服恐懼後的你，又顯得多麼強大與自信；最後，請想想在這些改變發生後，無論從自身或個人聲望而言，你獲得了多大的成長。

曾找我諮詢的馬丁．雷曼，就在這個練習的過程中，回想起第一次拒絕一位好友的過分要求：「我還沒開口拒絕他的時候，我一直覺得事情一定會變得非常非常糟糕。我以爲他會覺得自己像是從雲端跌落深淵一樣，不但會對我大發脾氣，還會弄得像八點檔連續劇一樣。結果呢，他坦率地接受了我的拒絕，一副這再自然不過似的，我整個人都傻了。當下我立刻清楚知道：我開口拒絕別人的難度，比他接受別人拒絕的難度要高上非常多；我甚至能感覺到，他心裡似乎默默對我的行爲油然升起一股敬意，彷彿在說：「這傢伙骨子裡的膽量比我以爲的多了一點。」現在，每當我遇到什麼需要再多一點勇氣才能執行的事情時，我就會回想起這次經驗。

國王與種子

在很久很久以前，在一個很遠很遠的地方，住在一位相當強大的國王。他的國度如海洋般寬廣，女兒則有如初升的朝日般美麗。某天，國王向他的子民宣布：「我將為我的女兒選出未來的丈夫，而這個人必須是我國度內最能讓她開心的男性。為了選出這個人，我將邀請國內所有年輕男子來到我的宮殿裡。每個人都會得到一顆花朵的種子，你必須將這粒種子放在盆栽裡，並在寒冷的冬天中培育它；明年春天到來時，再將你的成果帶到我面前來。」

國內的年輕男性早就對公主的美貌垂涎已久，如今終於有機會一睹尊容，紛紛湧進皇宮來參加比賽。每位參加者都得到了一顆種子及一只裝滿土壤的小花盆。

在這群信心滿滿的年輕人中，有一名身材較矮小的男子，他是余瑟夫。如果不是國王的公告，他根本不敢妄想有機會接近公主。因此他全心全意地希望小盆栽裡的這顆種子，能在來年春天時長成最漂亮的花。整個冬季裡，他每天都細心照顧盆栽，不時澆水、檢查濕度，就連施肥時，也常常對這顆未發芽的種子說些讚美的話。然而，好不容易到了春天，他卻只能羞愧地站在光禿禿的盆栽前：什麼也沒長出來，連根草也沒有。這下好了，所有他能在皇宮裡展示給國王看的「成果」，就只有這烏漆抹黑裝著土的盆子。

這時他靈光一閃：我何不去尋找世上最美的花朵，再把它移植到花盆裡就好了？這個小小的把戲一定能成功避免讓他被大家嘲笑；搞不好，還能真的能娶到國王的女兒也說不定。余瑟夫心裡一想到成功迎娶美麗公主的畫面，這個詐欺手法的誘惑就越來越強烈，但他還是戰勝了誘惑，決定誠實面對自己的挫敗。

終於到了展示成果的這一天。余瑟夫排在長長隊伍的後頭，緩緩往皇宮前進。所有人手上高捧著各種無比華麗、令人驚豔的盆栽，還有些人甚至將盆栽高舉在頭上，整個會場活脫脫就是個世界花卉博覽會。看著大家的成果，余瑟夫望著自己空空如也的花盆，更覺得難過。其中更有不少人對他指指點點，竊竊私語地嘲笑他、推擠他。

余瑟夫看著其他參賽者無比驕傲地在國王面前一一展示美麗的成果。只見國王對這些盆栽輕輕一瞥、示意嘉許後，就請這些年輕人離開。看來國王對成果並不滿意，而且心情顯然非常糟糕。余瑟夫心想，當國王看到他空空如也的花盆時，會不會大動肝火？

最後一個就是余瑟夫。他雙手顫抖，捧著花盆來到國王面前。國王看了看空空如也的盆子，大聲笑了出來——國王第一次有不一樣的反應！國王站起身，打量了一下余瑟夫，接著開心說道：「就是你了，小伙子！你就是我寶貝女兒婚配的不二人選。」

余瑟夫不可置信地睜大眼睛，童話故事此刻成眞了：窮小子余瑟夫娶了國王美麗的女兒、搬進了宮殿，小夫妻也很快就有了孩子；同時，余瑟夫也成爲國王最信賴的人。

直到有一天，余瑟夫終於有機會問國王這個藏在他心中許久的問題：「陛下，請問您當時爲什麼選擇把女兒嫁給我呢？」

「你心裡一定知道答案：因爲你是最能讓我女兒開心的人啊。」

「可是我的花盆裡什麼都沒種出來——沒有像其他人一樣。」

國王看著他，嘴角泛著一抹狡猾的微笑。「那是不可能的。在我把種子分給大家前，我就把它們全都煮熟了。**誠實，就是世界上最美麗的花朵**。而你將這朵花帶到我面前。一個對自己有自信且能誠實面對結果的人，就能開心地散發自信，同時也讓身邊的人開心自信。這就是你能得到我女兒的原因。」

其他年輕人只願意停留在自己的舒適圈裡，並爲了讓國王開心，選擇以欺騙來掩蓋失敗的事實。然而余瑟夫展現了自己的勇氣，忠於自己的成果。這項忠於自我的行爲，讓他贏得了富裕的人生。

請記得這個傳奇故事，也請記得，在往後的人生裡，千萬不要展示虛假的盆栽：不要露出你不想給的微笑、不要答應任何你不想去的邀請、不要在錯誤的時候表現出謙虛、不要在錯誤的場合展現你的禮貌。最後，請不要答應別人做任何你不想做的事情，就算其他人很明顯地正在期待你的同意。請你忠於自己種出來的成果、你的感覺和你的需求。**有些時候，能讓自己獲得公平待遇的唯一方法，就是讓他人失望。**

- 請拒絕對你提出過分索求的人，請拒絕過分的願望，唯有如此，你才能忠於自己的的內心價值、忠於自己。
- 如果他人的願望和你的需求及利益相悖，請務必讓他人空手而返。
- 如果你已有其他計畫在先，請勇敢拒絕任何人的邀請，即使對方強烈希望你答應。
- 如果你不是眞心想微笑，請不要覺得自己有義務對別人的玩笑展現笑容，即便對方認爲你應該懂他的幽默才是。
- 如果你不是眞心同意對方的想法，請不要點頭示意。
- 千萬不要對他人屈服，不論對方再怎麼拚命嘗試。請以你個人的福利與快樂爲前提來選擇，並選出最終能讓自己快樂的方案。

當你開始執行自己的新行為守則時，很可能會跟余瑟夫一樣，一路上遭到大家的推擠和訕笑，但這其實是因為你身邊的人還在適應新守則的緣故。別讓身邊的人左右你的行為準則，而是用你的行為，讓其他人自動調整對你的期望。唯有如此，你才能過著屬於自己的人生，而不是被別人操縱的日子。

當你過著自主人生、走在屬於自己的道路上時，你才能讓身邊的人都跟著受惠；這時，你也才能將你最寶貴的東西，分享給身邊的人——也就是你自己。不論目前為止你在人生中扮演的是什麼角色，也不論你一直是別人的救難天使、還是臉上永遠掛著親切微笑的好同事，只有當你以真實本色過著自己的人生時，你方能展現出舉世無雙的才能，永遠丰采迷人、信心十足、說服力滿分。請你點亮心中早已閃爍不停的願望，請你以最佳的品質來過自己的生活，請你允許自己勇於承擔風險，好訓練並精實你的勇氣。請將那個從小就在內心成長茁壯的、最美好的你展現出來，讓他終於能舒坦地展現在衆人面前。

如同國王所說：一個對自己有自信且能誠實面對結果的人，就能開心地散發自信，同時也讓身邊的人開心自信。

一次一小步的魔法

想像一下，某天你站在火車站的售票櫃檯前。售票員問你：「請問你要去哪裡？」而你回答：「只要離開這裡就好！」你覺得你能買到抵達正確目的地的車票嗎？大概不可能吧；而且這趟旅程打從一開始就注定要失敗。

同樣的，如果你的目標是「擺脫無邊無際的善良心態」，那麼也很難達到最佳的改善結果。只有當你眞正知道自己想要什麼，並設定出一個明確具體的目標——正確地爲你這趟改變之旅命名——你的旅程才能眞的上路。

所謂的改變可以簡單分成兩個層面：一是思想，二是行爲，兩者缺一不可。心中的信念能指引生命確切的方向。身處特殊情境時，你究竟該勇敢起來，還是繼續保持謹慎；是該點頭，還是拒絕，全憑你的信念。

接下來我們將進行一項練習。在這項練習裡，你會看到十項信念。請在「同意度」的欄位裡分別給予1分（完全不同意）到10分（完全同意）的分數。評分時請不要過度思考，依直覺或第一印象來表達你對這些句子的認同度就可以了。接著也請在「執行度」的欄位裡依序評分，1分表示自己完全不會在生活裡這麼做，10分則表示這項信念在你的生活中執行得很徹底。

塡寫完之後，請你檢查一下：你對哪些信念雖然有高度共鳴，但仍未在生活中眞正執行過？哪些信念在現實與理想中的差距最大？最右邊這一欄則提供你一個縮小差距的機會：找到能將此信念化爲現實的具體方案，讓理想與現實縮短至少一分的差距。

信念	同意度（1到10）	執行度（1到10）	我可以這麼做，來縮短至少一分的差距
一、我有權利表達自己的感受和想法，不論別人是否喜歡它們。			
二、我的所有感受都有很正面的意義：它們是來幫助我，讓我能做出有益於身心健康、心口一致的行為。			
三、只有當我知道自己內心真正的想法時，我才能做出正確的決定，並引導自己創造出適合我的人生。			
四、當我告訴另一個人內心真正的想法時，同時也代表我對這個人的信任。這種行為有助於維持彼此在互動上的平等與公平性，並能強化我們的關係。			

信念	同意度（1到10）	執行度（1到10）	我可以這麼做，來縮短至少一分的差距
五、別人因我的行為而產生的感覺和想法是對方自己的事。我只是提供訊息而已，他必須自己決定該如何面對與處理這項訊息。			
六、當我捍衛自己的利益、為自己的需求辯護時，我是為了自己著想而這麼做，並不是為了反對別人。這是天底下再自然不過的事情。			
七、表明自己的立場是對大家都公平且有益的行為。因為只有當大家都清楚知道我的觀點和立場時，他們才能理解我。			
八、我當然要把自己視為重要的人，並把自己的利益放在第一位；我也能在這麼做的同時，不至於讓其他人覺得這是自視甚高的行為。將自己的利益擺在第一位，有助於形塑強烈的個人特質，並能為我贏得大家的尊重。			

信念	同意度（1到10）	執行度（1到10）	我可以這麼做，來縮短至少一分的差距
九、我就像一塊土地：只有畫清了領土界線，別人才能清楚地看見我。我絕對允許自己堅持我的想法、拒絕別人的要求、駁回過分的請求、婉拒不喜歡的願望，我更有權利表達自己的期待，並說出我的要求。			
十、我是個有價值的人。這不是因為身邊所有人都喜歡我，而是因為我喜歡我自己。就算在我失敗跌倒的時候，我仍然喜歡自己；只有這樣，才能讓我的內心更強壯。			

表5 信念同意度與執行度評分表

或許這邊設定的目標——縮短一分的差距——聽起來並不是多有雄心壯志的樣子，但我想在這裡說個來自東方的故事給你聽。故事的主人翁名叫納斯魯丁（Nasrudin），一開始，納斯魯丁想學吉他，於是他去問一位較年長且有智慧的老師願不願意教他：「請問跟你學吉他一個小時的費用是多少呢？」

這位老師回答：「第一個禮拜，你必須付全額的學費；第二個禮拜只需要付一半的學費；第三個禮拜則是四分之一的學費。」

納斯魯丁想了想便說道：「如果是這樣的話，那我要直接從第三週開始。」

然而人生無法讓人抄捷徑。那位充滿智慧的長者深知，納斯魯丁終究需要那第一步，也只有先學會第一步之後，才有辦法慢慢地繼續往前走。一個打從一開始就給自己過多挑戰的人，在後續學習中自我設限的風險反而較大；至於一個按部就班、拾級而上的人，則能在學習時充滿幹勁，並樂在其中。

也因此，請允許自己花一點時間，一步一步慢慢改善行爲。你可以將自己每天的小小成就寫在筆記本裡：「比起過去，今天的行爲在哪方面稍微改善了一點？」「我明天能如何更進一步改善？」最重要的不是你跨出的每一步有多大，而是你的持之以恆，還有堅定不移地朝著既定方向前進。

我們可以一起看看這個例子，以了解表5這份條列出信念的表格，能如何幫助你改善自己的行爲。大家還記得我在第3章一開始提到的客戶碧昂卡．羅浮樂嗎？就是那位在鄰居聚會上三緘其口、閉口不談自己對政府課徵財產稅意見的女士。碧昂卡總是過度保留自己的想法，從不大聲說出自己的意見；在她生活中的其他方面也是如此。這個習慣則來自父母的教訓：她不需要事事都發表自己的意見。

信念一「我有權利表達自己的感受和想法，不論別人是否喜歡它們」。碧昂卡給了這項信念十分滿分，代表她內心完全贊同，但實際執行度只給了兩分。爲了讓自己縮短理想與現實的差距，她做了以下改變，好讓自己的執行分數能再提高一點：

「一直以來，我從未反駁同事麥可的任何意見，即便有時我認爲他的看法是錯的。不過下次我會這樣告訴他：『或許有人和你的看法相同，但另一種可能性是……』這樣我就能較不著痕跡地把自己的想法說出來。」

當然，碧昂卡還是不想直接反駁麥可的意見，甚至不願意直接說出這個「另一種可能性」就是她自己的看法，不過她終究辦到了，能在衆人面前說出不同的意見。她的改變就是勇於邁出這一步。但如果碧昂卡選擇的行動是當面告訴同事相反的意見，反而會因爲超出她的負荷而失敗。

信念四「當我告訴另一個人內心眞正的想法時，同時也代表我對這個人的信任。這種行爲有助於維持彼此在互動上的平等與公平性，並能強化我們的關係」。碧昂卡也給了這項信念九分的高分，但執行度的分數只有三分。爲了讓自己穩固堅定地朝著目標持續改進，她這樣表示：

「我媽媽經常要我回家看她、一起吃個飯。事實上我覺得頻率有點太高了，但我還是每次都答應，即使我根本沒時間也一樣。下次如果她再這樣提議的話，我想我會給出另一種答案：『這個禮拜不太適合，但我過陣子應該會有時間，讓我看看……』」

直接讓媽媽碰釘子，對碧昂卡而言太困難了；但如果是稍微推遲一下時間，這點她還是辦得到的——對她而言，這樣的解決方案也比較像是在過往行爲與新行爲之間一個相對適合的平衡點。

信念十「我是個有價値的人。這不是因爲身邊所有人都喜歡我，而是因爲我喜歡我自己。就算在我失敗跌倒的時候，我仍然喜歡自己；只有這樣，才能讓我的內心更強壯」。在這項信念上，碧昂卡給了十分滿分，但在執行度上，她只給了自己兩分。爲了提高執行度的分數，她決定在家中浴室的鏡子旁貼一張便條紙來提醒自己：「我喜歡我原本的樣子！」這張便條紙天天提醒她，除了自己以外，沒有人可以評斷她。

就像這樣，碧昂卡．羅浮樂按著表5所列出的信念，一一制定了微小的改變計畫，所有的改變也都與她期望的目標方向一致。就這樣過了大約半年，她終於相當驕傲地向我回報：「昨天我直接反駁了同事麥可，而且是在一個公開會議裡，因爲麥可又給其中一項專案制定了一份很冒險的時程表。我不想再看到同樣的慘事發生。讓我驚訝的是，實際執行它比我原本想像的要輕鬆簡單多了，而且麥可看起來一點也不訝異的樣子。畢竟過去幾個月裡，他已經知道我不再只是個會在一旁點頭的同事而已。」除此之外，她與母親的會面次數也慢慢地降低到她認爲合理的程度，且過程循序漸進又充滿同理心。所以儘管她的行爲改變了，卻完全沒有影響到她與母親之間的緊密關係。

現在的碧昂卡．羅浮樂正一步步學著將人生掌握在自己手裡，並漸漸與自己的信念和諧一致。如今的她，不但能更嚴肅認眞地看待自己的需求，也終於找到了正向的自我認同感。換句話說，她變得更「有自覺」，再也不會在世界面前隱藏自己原本的面貌，而這正是許多細微改變累積而成的結果，讓碧昂卡．羅浮樂終於抵達她設立的遠大目標。

發掘屬於自己的最佳典範

不論你在表5的「執行度」給了自己幾分，我相信事實應該是這樣的：沒有人能在生活的所有領域都給予相同的評分。或許在所屬的行業裡，你已稱得上是該領域的專家，但在私生活方面，面對摯愛的人們時，你反而很難堅持自己的想法。舉例來說，我認識一位相當成功的企業領導人，他在商場打滾這麼多年，早就習慣拒絕千百種來自員工和顧客的各種要求與期望；但要是兩個女兒（一對八歲的雙胞胎）或太太希望他做什麼，他馬上就會答應；即使這些願望和他自己的利益相悖。他的困難挑戰並不發生在職場，而是家庭生活。

你也是這樣嗎？面對至親好友，你能開誠布公地對他們攤牌、告訴他們你眞實的想法嗎？還是儘管你能輕而易舉地告訴朋友，不論要你參加什麼活動，你都一點興趣也沒有；但要在職場上對人說「不」，卻讓你覺得萬般困難？

多年前，我曾遇過一位業務。在私人生活中，要他貫徹自己的信念完全沒問題，但是當主管站在他面前、要求他在接管更多銷售區域時，他就一點法子也沒有地自動順從主管的各種要求。這位業務的困難顯然不在私人生活裡，而在職場上。

世界上沒有誰是永遠親切善良的。只要你更仔細觀察生活中的每個面向，你就能發現：自己在哪些方面需要更加強信念？自己在哪些方面已經十分得心應手，並能成爲其他部分的借鏡？這種學習與改善方式其實是種很有趣的方法：不要拿別人的行爲當做楷模，而是把自己視爲自己的最佳典範。

以下是我設計的三份表格，能讓你按圖索驥地進行這項練習。這三份表格分別代表不同的生活面向：職場生活（表6）、家庭生活（表7）及個人生活（表8）。表格裡詳列每個面向所屬的人群，他們可能是在各個面向常和你相處的人。請你針對每個項目評分，1分代表

「對我而言，面對這些人時，我能很輕鬆地貫徹自己的信念」，10分則代表非常非常困難。

範圍／人群	評分表（1到10）
職場生活整體	
直屬主管	
高階主管	
部屬	
同事	
建教合作生／工讀生／企業實習生	
客戶	
供應商	
（自行填寫）	
（自行填寫）	

表6　職場生活

表7　家庭生活

範圍／人群	評分表（1到10）
家庭生活整體	
伴侶	
父親	
母親	
兒子	
女兒	
外公	
外婆	
（自行填寫）	
（自行填寫）	

範圍／人群	評分表（1到10）
個人生活整體	
老友	
新朋友	
鄰居	
社團朋友	
熟識的朋友	
短暫的朋友	
閒聊的夥伴	
（自行填寫）	
（自行填寫）	

表8　個人生活

評分結果如何？所有項目中，最低分的是哪幾項？最高分的是哪幾項？是什麼原因讓你覺得要在這些範圍貫徹自己的信念比較簡單？假如要將自己在某個範圍裡的行爲轉移到另一個範圍或另一群人身上，哪部分的行爲是可以拿來當做典範的？你所選出來的這些行爲，又能在其他範圍和人群運用到多深的程度？

請利用接下來所列出的問題，讓你更快找出能協助你改善的典範：

職場生活

- 在職場生活中，誰是讓你覺得最放鬆、最能自在說出自己想法的人？
- 在這個人面前說話，和在其他人面前說話有什麼不一樣？
- 你能試著解釋，爲什麼在這個人面前能感覺到更多安全感嗎？是哪些內心的價値觀及目的使你的安全感大增？
- 你在什麼情況下對這個人勇敢說出自己心中的想法，並維持舒適的距離感？
- 你認爲身邊的人能從哪些地方注意到你現在比平常要嚴肅、認眞？
- 在職場生活中，誰讓你覺得最難說出自己眞實想法、最難嚴正地畫清界線？
- 你認爲，當你出於好心而妥協、讓步時，你內心的哪些需求因此得到了滿足？

- 與其他人相比，和這個你很難拒絕的人溝通對話有哪裡不同？
- 如果要將先前那種較果斷的行爲模式，轉移到這個對你而言較難拒絕的人身上，你認爲自己可以從哪裡開始改變？
- 在你和此人相處的過程裡，是否曾有某些情境是你較能表現出個人意見的時候？如果有，你認爲你能從中汲取哪些經驗？

進行完以上練習後，請你寫下具體的信念，它們能在未來的職場生活中有效幫助你改善自己的行爲。此外，也請你思考一下，你能從自己的行爲中汲取哪些經驗？當特定情況再次發生時，你可以如何反應？請仔細描繪出情境和理想反應的細節，並在未來執行它。

家庭生活

- 在家庭生活中，誰是讓你覺得最放鬆、最能自在說出自己想法的人？
- 在這個人面前說話，和在其他人面前說話有什麼不一樣？
- 你能試著解釋，爲什麼在這個人面前能感覺到更多安全感嗎？是哪些內心的價值觀及目的使你的安全感大增？

- 你在什麼情況下對這個人勇敢說出自己心中的想法，並維持舒適的距離感？
- 你認爲身邊的人能從哪些地方注意到你現在比平常要嚴肅、認眞？
- 在家庭生活中，誰讓你覺得最難說出自己眞實想法、最難嚴正地畫清界線？
- 你認爲，當你出於好心而妥協、讓步時，你內心的哪些需求因此得到了滿足？
- 與其他人相比，和這個你很難拒絕的人溝通對話有哪裡不同？
- 如果要將先前那種較果斷的行爲模式，轉移到這個對你而言較難拒絕的人身上，你認爲自己可以從哪裡開始改變？
- 在你和此人相處的過程裡，是否曾有某些情境是你較能表現出個人意見的時候？如果有，你認爲你能從中汲取哪些經驗？

進行完以上練習後，請你寫下具體的信念，它們能在未來的家庭生活中有效幫助你改善自己的行爲。此外，也請你思考一下，你能從自己的行爲中汲取哪些經驗？當特定情況再次發生時，你可以如何反應？請仔細描繪出情境和理想反應的細節，並在未來執行它。

個人生活

- 在個人生活中，誰是讓你覺得最放鬆、最能自在說出自己想法的人？
- 在這個人面前說話，和在其他人面前說話有什麼不一樣？
- 你能試著解釋，爲什麼在這個人面前能感覺到更多安全感嗎？是哪些內心的價值觀及目的使你的安全感大增？
- 你在什麼情況下對這個人勇敢說出自己心中的想法，並維持舒適的距離感？
- 你認爲身邊的人能從哪些地方注意到你現在比平常要嚴肅、認眞？
- 在個人生活中，誰讓你覺得最難說出自己眞實想法、最難嚴正地畫清界線？
- 你認爲，當你出於好心而妥協、讓步時，你內心的哪些需求因此得到了滿足？
- 與其他人相比，和這個你很難拒絕的人溝通對話有哪裡不同？
- 如果要將先前那種較果斷的行爲模式，轉移到這個對你而言較難拒絕的人身上，你認爲自己可以從哪裡開始改變？
- 在你和此人相處的過程裡，是否曾有某些情境是你較能表現出個人意見的時候？如果有，你認爲你能從中汲取哪些經驗？

進行完以上練習後，請你寫下具體的信念，它們能在未來的個人生活中有效幫助你改善自己的行爲。此外，也請你思考一下，你能從自己的行爲中汲取哪些經驗？當特定情況再次發生時，你可以如何反應？請仔細描繪出情境和理想反應的細節，並在未來執行它。

建立全新版本的善良

這本書能帶給你的生活哪些改變？你該如何在生活中選擇你值得擁有且健康的善良，並遠離另一個只會對你造成傷害的不良版本？

不良版本的善良好意通常具備以下三項特徵：

一、**你的善良並非出自個人意願，而是覺得自己沒有其他選擇**：即便你明白現下的一時好意，會傷害自己的利益。

二、**你必須否認自己、拒絕自身的需求，才能滿足他人**。你內心充滿憂傷與煩惱，因爲你太在乎別人、把所有精力都用在別人身上，卻連一點時間都沒留給自己。

三、**你在「生命」這間小餐館裡支付高額賬單**，其他人卻因爲你的善良好意，得以輕鬆暢快地在店裡大口暢飲啤酒，一毛錢也不用給。

請你務必擺脫具備上述三種特徵的任何善良習慣，因爲這不過是你慣用的一套面具而已，這麼做的目的也只是想讓對方喜歡你罷了。請勇敢向世界展示自己眞實的一面——不僅是光明的善良面，還有黑暗的眞實面。請勇敢表達出什麼是對你而言更重要的事，因爲你有絕對的權力捍衛自己的原則。請開口索討你需要的東西，因爲你絕對有權利提出自己的需求。最後，請敞開你的心胸與大腦，讓你的思緒像美麗的蝴蝶一樣，朝世界展翅而去；不論你的想法是否瘋狂、有爭議，或者別人並不想聽，只要多一個願意與大家分享想法的人，世界就能變得更繽紛更富足。

請允許自己把自己視爲最重要的人，並挪出時間傾聽內心的聲音。不要花費力氣試圖強硬地說服別人，而是多花點心力培養內心的信念；不要花費力氣想強勢地贏過別人，而是多花點心力在那些對你而言有益的事情上。唯有你站在自己這邊，別人才會站在你這邊，而不是因爲你滿足了身邊所有人的願望與要求——正好相反，因爲你就是你，你生來獨一無二。你不必委屈自己，也不必改變你自己好成爲某人，更不需要假扮成誰。

若過去的你也曾爲不良版本的善良心態所苦，那是因爲過往這些善良行爲並無法爲你帶來期望的結果，像是上司與同事的肯定、他人的喜愛：

- 假如其他人之所以喜愛你，只因爲你是他們的應聲蟲、永遠不會反駁他們的意見，那麼這些人並非喜歡眞正的你，而是你假扮出來的模樣。
- 假如其他人之所以珍惜你，只因爲你永遠如此善良親切，那麼這些人並非眞的珍視你，只是喜歡你的表演。
- 假如其他人之所以覺得你親切，只因爲你永遠會在危急時幫他一把，那麼他們並非眞的覺得你人好，只是喜歡你拋給他的救生圈。

每個藉由不良的善行而贏來的喜愛與讚美，都是毫無價值的——這些讚美與喜愛根本不屬於你，而是屬於你粉飾出來的假象。唯有當你展現出眞實的樣貌，你才能眞正獲得其他人的喜愛，而這正是世界上最美好的感受：身邊的人愛你原本的樣子，你也不需要爲此委曲求全，或刻意假裝成什麼模樣；你能獲得人們的尊重，也不需要爲此犧牲自尊；你能完全自在地做自己，不需要在人前扮演符合他人期望的樣子。

請記住這點，保持自己的眞實性情才是對大家都有益的行爲。因爲只有在你認眞照顧並看待自己的需求，你才能確保身邊的人也同樣受到你的照顧。關心別人，同時也照顧自己；尊重別人，同時也尊重自己；顧全自己的需求，同時不忘社會大眾的需求。每項需求都是一體兩面、缺一不可的組合。

至於缺一不可的兩端該往哪頭傾斜，必須靠你自己來平衡——為了站得穩，天秤兩端你都要滿足。若只想著自己的需求而不顧他人，天秤就會向一端極度傾斜，變成冷漠無情的自私自利者；若只想著別人的需求而不顧自己，天秤也會向一端極度傾斜，成為事事依賴他人的人。但如果你認同天秤兩端都很重要，並能將兩者合而為一，便能為你的生活帶來前所未有的高品質。

請將以下想法內化成你的一部分：

- 你可以無私地奉獻自己，但不需要失去自己。除非你有意識地捍衛自我，你的無私奉獻才能細水長流。
- 你可以對人有禮、寬以待人，但不需要犧牲自己。只有在不犧牲自己利益的情況下，仍舊保持對他人的親切禮貌，這樣的態度才顯得真心。
- 你可以理解他人的觀點，但不需要放棄自己的意見。只有帶著真心與誠實，你所展現的同理心才能真正讓人信服。
- 你可以為自己的渴望辯護或抗爭，同時也不傷害其他人。

- 你可以在不冒犯他人的情況下表示拒絕。
- 你可以爲自己爭取舞臺、展現自己的重要性，同時也不將別人擠出鎂光燈外。
- 只發揮八五%的戰力，反而能讓你能展現更好的績效；至於剩餘的一五%，就請當成儲備戰力。

健康版本的善良心態意味著你尊重身邊的人，同時也要求身邊的人尊重你的界線；這種充實的人生，更能幫助你保有充實的內在，也才能與他人分享這分豐富。換句話說，你正**以不取悅他人的方式，來取悅身邊所有的人**。

然而，健康版本的善良心態也伴隨著一個小小的副作用，那就是有些人將會遠離你。那些曾利用你的人，因爲現在沒得利用了而遠離你；那些曾不斷來找你抱怨哭訴的人，由於現在無法再找你抱怨而遠離你。最後，那些過去以朋友之名占盡好處、卻從不回報你的人，因爲你不再隨時隨地伺候他們，於是也選擇遠離你……這算是損失嗎？

請你務必貫徹執行本書所提及的內容。我向你保證：健康的善良，能吸引對你有益的人，並一一擊退那些對你有害的人。

你仍然是個好人；只不過在改善之後，不再是個連狗都想欺負的軟爛好人。共勉之！

www.booklife.com.tw reader@mail.eurasian.com.tw

心理 080

人善被犬欺：如何得到尊重、畫出界線，贏得你應有的成功

作　　者／馬丁．維爾勒（Martin Wehrle）
譯　　者／黃淑欣
發 行 人／簡志忠
出 版 者／究竟出版社股份有限公司
地　　址／臺北市南京東路四段 50 號 6 樓之 1
電　　話／（02）2579-6600．2579-8800．2570-3939
傳　　真／（02）2579-0338．2577-3220．2570-3636
副 社 長／陳秋月
副總編輯／賴良珠
責任編輯／林雅萩
校　　對／林雅萩．徐彩嫦
美術編輯／蔡惠如
行銷企畫／陳禹伶．黃惟儂
印務統籌／劉鳳剛．高榮祥
監　　印／高榮祥
排　　版／杜易蓉
經 銷 商／叩應股份有限公司
郵撥帳號／ 18707239
法律顧問／圓神出版事業機構法律顧問　蕭雄淋律師
印　　刷／祥峰印刷廠
2023 年 1 月　初版

Original title: Den Netten beißen die Hunde: Wie Sie sich Respekt verschaffen, Grenzen setzen und den verdienten Erfolg erlangen - Mit großem "Bin ich zu nett?"
by Martin Wehrle

定價 450 元　　ISBN 978-986-137-392-8　

　Printed in Taiwan

爲滿足他人的期待而活，
還有將自己的人生託付給他人的做法，
是對自己，也對身邊的人不誠實的生活方式。

——岸見一郎、古賀史健著，《被討厭的勇氣》

國家圖書館出版品預行編目資料

人善被犬欺：如何得到尊重、畫出界線，贏得你應有的成功／馬丁・維爾勒（Martin Wehrle）著；黃淑欣 譯. -- 初版. -- 臺北市：究竟出版社，2023.1
384 面；14.8×20.8 公分 --（心理；80）

ISBN 978-986-137-392-8（平裝）

1. CST：成功法　2. CST：自信

177.2　　111018849